Caroline Rochon

Moi et mon désordre

Confessions et secrets
d'une organisatrice professionnelle

BÉLIVEAU
★
éditeur

Conception et réalisation de la couverture : Jean-François Szakacs
Photographie de l'auteure : Mélissa Proulx

Dépôt légal : 1er trimestre 2011
Bibliothèque et Archives nationales du Québec
Bibliothèque et Archives Canada

ISBN : 978-2-89092-489-5

 920, rue Trans-Canada
Longueuil (Québec) Canada J4G 2M1
450-679-1933   Télécopieur : 450-679-6648

www.beliveauediteur.com
admin@beliveauediteur.com

Gouvernement du Québec – Programme de crédit d'impôt pour l'édition de livres –
Gestion SODEC – www.sodec.gouv.qc.ca.

Nous reconnaissons l'aide financière du gouvernement du Canada par l'entremise du
Programme d'Aide au Développement de l'Industrie de l'Édition (PADIÉ) pour nos
activités d'édition.

IMPRIMÉ AU CANADA

Table des matières

REMERCIEMENTS 9

PRÉFACE 11

AVANT-PROPOS 13

1. MA JEUNESSE 15

    Fais ta chambre! 15

    Des changements, encore des changements 17

2. MON CHEMINEMENT 21

    Le point tournant 21

    Boîte par boîte, tiroir par tiroir – mon processus
       de désencombrement 23

    Découverte d'un vieux rêve 24

    L'acceptation de soi 25

M'aligner   27

Plus j'en fais, mieux je vais   29

Ma porte d'entrée.   31

3. MON CERVEAU **35**

*La révélation : dominance de l'un
    des hémisphères du cerveau.*   35

4. MES ACCOMPLISSEMENTS **43**

Signes que je suis sur la bonne voie.   43

Chaque journée est un défi.   48

Témoignages   48

Organisation n'est pas synonyme de perfection   68

5. LES LEÇONS DE VIE **71**

*Leçons de vie que le désencombrement
    et l'organisation m'ont apportées*   71

6. RÈGLE D'OR ET BONNE PRATIQUE **89**

*Une place pour chaque chose et chaque chose
    à sa place.*   89

Appliquer la loi de Pareto   90

Un qui entre, un qui sort   90

Trois prises et tu es parti !.   91

S'entourer d'objets qui ont une valeur de sept et plus   92

*Dire oui à quelque chose implique de dire non
    à autre chose et vice versa.*   92

Cultiver sa maison et sa vie comme un jardin.   94

Ce qui se ressemble s'assemble   94

Créez des zones   94

Pensez proximité   95

Servez-vous de contenants   96

Arrêtez ! avant de vous précipiter au magasin 99

Changez la nature de votre relation avec vos objets 101

Fixez un temps 102

*Arrêtez de voir la grosse montagne, morcelez
votre projet d'organisation* 103

Courbe d'énergie 104

Respectez et travaillez selon votre hémisphère dominant. . 104

Consultez les membres de votre famille 105

Boîte de choses à donner 106

**7. TRAVAILLER AVEC UN ORGANISATEUR
PROFESSIONNEL** **109**

Définition 109

*Quels types de services un organisateur professionnel
peut-il offrir?* 110

Résidentiel 110

Corporatif 114

Clientèle 117

Quels sont les bienfaits d'une bonne organisation? 118

Quelques questions qui reviennent souvent 118

Aide disponible 120

Questions à poser 121

Qualités d'un organisateur professionnel 122

Est-ce que le client peut faire le travail par lui-même? . . 123

MOT DE LA FIN 125

RESSOURCES 127

À PROPOS DE L'AUTEURE 129

Remerciements

Je dédie ce livre d'abord à mon cher époux, Craig. Sans toi, mon amour, je ne serais pas là où je suis aujourd'hui. Merci de ta confiance, merci d'avoir fait les sacrifices pour voir à mon bonheur et de m'aimer telle que je suis. Je t'en serai pour toujours reconnaissante. Je t'aime.

À toute ma famille, mes amies, mes collègues, mes clients et les gens que je côtoie, merci de votre appui et de vos commentaires.

À vous tous, merci d'être une merveilleuse source d'inspiration pour moi.

Préface

Il y a dix ans, lorsqu'on me demandait dans un cocktail ou ailleurs ce que je faisais dans la vie et que je répondais : « Je suis une organisatrice professionnelle », j'étais presque certaine de provoquer une réaction de confusion et même d'incrédulité, comme si j'étais une vilaine petite fille qui vient de dire une bêtise. Après tout, ce ne pouvait pas être un *vrai* travail !

De nos jours, pourtant, on trouve des organisateurs professionnels dans la plupart des régions du Canada, de même que des sites Web, des livres et des articles qui portent sur l'organisation. Il y a même des émissions de télé qui relatent les aventures de *vrais* organisateurs et de leurs clients ! Néanmoins, dire aux gens qu'on est une organisatrice professionnelle fait encore presque autant d'effet que leur avouer qu'on est une tueuse à gages... un phénomène aussi stupéfiant que préoccupant.

Dans une certaine mesure, on a encore tendance à croire que les organisateurs professionnels appartiennent à une quelconque espèce surhumaine qui ignore tout des défis et des bévues du quotidien. Or, cette perception est fausse. Nous sommes simplement des personnes qui s'efforcent le plus possible de maintenir un peu d'ordre, de paix et d'organisation dans un monde qui en a grandement besoin. Pour certains d'entre nous, c'est plus naturel – un peu comme on joue du piano à l'oreille – mais pour un bon nombre de ceux et celles qui travaillent dans le domaine, parvenir à s'organiser et à *rester* organisé est un défi de chaque jour... comme cela l'est pour vous.

C'est pour cette raison que je suis si heureuse que vous lisiez ce livre de Caroline Rochon. En la voyant, on peut dire que Caroline a tout de la professionnelle accomplie : la coiffure impeccable, toujours bien mise, elle sait mettre tout le monde à l'aise, et ce, aussi bien en français qu'en anglais. Pourtant, Caroline est familière avec le chaos et le doute. Elle sait à quel point il est difficile d'être organisée quand on a un cerveau créatif qui est toujours en ébullition. Elle fait bien la différence entre le fait d'être désordonnée et d'être organisée, mais elle sait aussi qu'il est possible d'être les deux à la fois.

L'ouvrage que vous tenez entre vos mains n'est pas qu'un simple livre, mais bien quatre livres réunis en un seul pour plus de commodité. Vous y trouverez à la fois une histoire d'amour, puisque Caroline y raconte comment l'organisation l'a séduite et a enrichi sa vie; un récit motivant sur le lâcher-prise et la récolte de ses bienfaits; un exposé sur la réalité du travail de l'organisateur professionnel; et, finalement, un guide concret renfermant une foule de bonnes idées pratiques, de techniques et de conseils applicables dans votre vie.

Chaque fois que j'ai la chance de passer du temps avec Caroline, j'en suis inspirée et impressionnée, et je suis certaine qu'il en sera de même pour vous à la lecture de cet ouvrage.

Kristie Demke,
Présidente,
Organisateurs professionnels au Canada

Avant-propos

Cher lecteur, chère lectrice,

Depuis quelques années, je travaille à rédiger un livre d'organisation plus technique. Mais en 2010, lors du processus de ma mise en nomination comme travailleuse autonome de l'année, j'ai vraiment réalisé que mes témoignages touchaient profondément les gens. De plus, le fait qu'une organisatrice professionnelle ait eu des défis à relever et que, elle aussi, ait dû apprendre à éliminer son désordre et à s'organiser leur permettait de comprendre qu'ils n'étaient pas seuls dans cette situation. C'est de cette constatation que m'est venu le désir d'écrire ce livre.

Mon intention est que vous le terminiez avec beaucoup d'inspiration.

De l'inspiration à vous organiser, mais aussi à apporter des changements dans votre vie en comprenant les leçons de vie que m'a apportées mon cheminement. J'aimerais que tous les «désorganisés» aient une meilleure compréhension de leur style organisationnel, qu'ils aient de l'espoir et qu'ils comprennent que c'est une habileté qui s'apprend. Parfois, il ne faut que quelques trucs et règles d'or pour nous mettre sur le bon chemin. Tout comme moi, vous êtes capables d'éliminer votre désordre ou, du moins, le dompter. J'espère que ma passion vous donnera l'énergie pour enclencher ce merveilleux processus qu'est le désencombrement et l'organisation, et que, si vous n'avez pas encore l'énergie mais que vous êtes motivés à y parvenir, vous réalisiez qu'il y a de l'aide disponible.

Bonne lecture,

1.
Ma jeunesse

FAIS TA CHAMBRE!

Il me semble que, provenant de ma jeunesse, les mots qui résonnent encore dans ma tête sont: «Fais ta chambre, Caroline!» «Caroline, tu n'as pas fait ta chambre encore?» et «Caroline, si tu ne fais pas ta chambre, tu seras en pénitence!» Oui, mais comment fait-on sa chambre? Voici de quelle façon je m'y prenais.

Tout ce qui traînait sur le sol était soit poussé sous le lit, soit entassé au fond du garde-robe. Voilà comment, presque toute ma vie, j'ai pris soin de mon désordre. Ni vu ni connu! En fait, je me souviens de projets de microbiologie qui ont pris naissance dans ma chambre, tels que de vieux sandwichs transformés en une colonie de moisissures. Adolescente, je disais que mon sandwich portait un manteau de fourrure violet (un peu trop d'imagination?). Je me souviens aussi d'une infestation de lépismes argentés, communément appelés *poissons d'argent*. Ces petites bibittes se nourrissent de miettes d'aliments, de vieux papiers, de livres, etc. Croyez-moi, ils n'avaient pas intérêt à déménager, car ma chambre était leur paradis. Avec ma colocataire, Nadine, nous attendions que nos quatre services de vaisselle soient tous sales avant de passer une soirée complète à laver toute cette vaisselle. Et dire que Nadine est encore ma meilleure amie!

Pourquoi était-ce si difficile pour moi de ranger ma chambre? Pourquoi mes vêtements finissaient-ils toujours sur le sol? Pourquoi ne pouvais-je voir aucune surface propre sur mes bureaux, entièrement encombrés de vieux mouchoirs, papiers, maquillage, babioles, livres, jouets, vêtements, etc.? Pourquoi mes chandails semblaient-ils vouloir se suicider en pendant ainsi de mes tiroirs?

Consciemment ou non, je crois que cette incapacité à m'occuper de mon environnement a joué sur mon estime de soi. Mon dialogue intérieur ressemblait souvent à ceci: «T'es ben traîneuse, t'es ben malpropre, t'es une vraie truie dans sa soue à cochon, t'es ben paresseuse.»

Pourtant, j'ai grandi dans une maison propre, sans désordre, et où on se lavait les mains avant les repas. Le ménage y était fait régulièrement. J'étais une jeune fille pleine d'imagination qui pouvait jouer pendant des heures seule mais aussi avec d'autres filles. Par contre, je crois que je préférais jouer ou dormir chez mes amies plutôt que les inviter chez moi. Était-ce parce que je ne voulais pas partager, parce que je ne voulais pas ranger ma chambre ou parce que j'avais peur qu'elles voient mon désordre? D'où me venait cette manie?

DES CHANGEMENTS,
ENCORE DES CHANGEMENTS

Une autre manie que j'ai eue tout au long de ma vie était le changement. Mes parents ont divorcé quand j'avais douze ans, changement assez important mais qui ne me semblait pas trop traumatisant (je me souviens d'avoir plus ou moins pleuré).

Avec le changement de statut familial sont également venus les changements d'adresse. En tout, j'ai déménagé plus d'une vingtaine de fois dans ma vie. Adulte, mes amies me disaient: «Bon, Caroline est tannée des couleurs de sa maison, alors au lieu de repeindre, elle aime mieux déménager.»

Avec les changements d'adresse sont également venus les changements d'écoles: trois au primaire et trois au secondaire, un cégep et une université. Cela voulait également dire changements d'amis. Déménager de quartier, de ville, de province et fréquenter de nombreuses écoles m'a permis de rencontrer beaucoup de gens. J'aime rencontrer de nouvelles personnes, connaître leur histoire et partager la mienne. Par contre, j'ai de la difficulté à garder des amies de fille. Dès mon jeune âge, je me sentais déjà différente des autres J'étais un peu marginale, je faisais les choses différemment, je me sentais jugée. Même entourée, je me sentais seule, j'avais parfois le sentiment que je n'étais pas de ce monde. Me conformer semblait alors la chose la plus facile à faire, mais j'avais toujours l'impression que je portais un masque.

Le changement se voyait également avec mes amoureux. J'ai commencé jeune à avoir des amis de cœur. Mes relations duraient entre un mois, trois mois, six mois, un an, trois ans. Je me tannais vite, car lorsqu'il n'y avait plus d'excitation ou quand l'habitude s'installait, il était temps de passer à du nouveau. Quand j'ai annoncé en 1996 que j'allais me marier – j'avais alors 26 ans – les gens ont été très surpris. Jamais ils n'auraient pensé que je mènerais une vie de couple stable. Quand j'ai rencontré Craig, j'ai su dès notre première rencontre qu'il était celui avec qui je me marierais. Je viens quand même d'une génération qui a été élevée avec les films de Walt Disney où toutes les filles trouvent leur prince charmant! Craig est le prince qui est venu me sauver. Juste avant de le rencontrer, je crois sincèrement que je me préparais à quitter ce monde à un très jeune âge. Je suis certaine que j'avais des tendances bipolaires, car je vivais de très gros «high» et ensuite de très gros «down» où le suicide semblait souvent une option valable. Je crois que les changements fréquents dans ma vie changeaient le mal de place, m'apportaient de nouveaux défis, de nouvelles personnes, de nouvelles façons de voir les choses. Alors un nouveau «high» s'installait et l'idée de suicide se retrouvait à l'arrière-plan jusqu'au prochain épisode de déprime; un cercle vicieux, en fait.

Ma famille et mes amis avaient intérêt à ne pas inscrire mes coordonnées au stylo, car mes adresses, mes numéros de téléphone au boulot, rien n'était permanent avec moi.

Dans le changement je trouvais ma stabilité et j'étais toujours capable de m'adapter assez bien. Le changement nous force à faire du nettoyage, à nous départir de nos amitiés superficielles et les déménagements nous permettent de faire du ménage. Mais une chose que j'étais incapable de faire était de désencombrer, de me départir de mes choses personnelles. Il y avait trop d'attachement émotif, peut-être une forme de sécurité, quoi.

Le changement était aussi présent pour moi dans le monde du travail. À quinze ans, alors étudiante au secondaire, j'ai commencé à travailler chez Dunkin' Donuts à 2,95$ l'heure. À cette époque, on ne s'inquiétait pas trop des conditions. J'ai travaillé sur des quarts de jour et de nuit et j'ai adoré voir tous les différents personnages de nuit, ceux qui ne semblaient pas conformes à la société. Ensuite, je suis devenue vendeuse dans des boutiques de vêtements, puis j'ai travaillé comme animatrice et responsable de camps d'été et d'activités pour enfants. Au cégep, j'ai étudié en sciences humaines et comme je ne savais pas trop quoi faire de «ma» vie, j'ai fait une pause avant d'aller à l'université. Je me suis trouvé un emploi dans un centre de la petite enfance où j'ai œuvré pendant un an et demi. Parce que j'avais beaucoup aimé travailler avec les enfants, j'ai décidé de m'inscrire à l'Université de Montréal pour devenir professeure (mais aussi pour *me sauver* de ma peine d'amour). Ne pouvant entrer dans ce programme à l'automne, je me suis donc inscrite en anthropologie en me disant que je changerais pour la session de septembre suivante. Mais à cause de mon manque d'organisation, je n'arrivais jamais à faire les changements nécessaires. Je suis restée dans ce programme pour en obtenir un certificat. Mais pourquoi rester à l'université quand tu ne sais pas ce que tu veux et qu'en principe tu es malheureuse ? Je rêvais quand même d'ouvrir ma garderie une fois que j'aurais un mari et des enfants.

Je me suis alors mise à la recherche d'un emploi et j'en ai trouvé un comme représentante au service à la clientèle à la Banque Scotia. Je suis restée dans le milieu bancaire pendant quatre ans, mais tout en changeant au moins quatre à cinq fois de poste. Ensuite, je suis allée travailler au Musée des beaux-arts où je suis restée trois ans, mais encore en changeant de poste trois fois. À la suite d'une fausse couche, j'ai eu encore besoin de changement et je me suis retrouvée gestionnaire de projets dans une firme de haute technologie où je suis restée deux ans avant de subir une mise à pied.

N'étant pas le genre de personne à me laisser abattre, je me suis remise à la recherche d'un emploi et là j'ai trouvé le poste tant convoité, un poste à la fonction publique. *Ouah !* la bonne paie, les avantages sociaux, la pension, les vacances... mais encore là, j'ai eu de la difficulté avec la bureaucratie, l'autorité, la routine, etc. Je ne semblais pas plus heureuse et au cours de mes quatre années, j'ai réussi à changer de poste cinq ou six fois.

Pourquoi était-ce si difficile pour moi de rester au même poste? Pourquoi je semblais toujours en désaccord ou en conflit avec mes supérieurs? Pourquoi je ne pouvais pas me contenter de mon train-train quotidien? Pourquoi ceci... Pourquoi cela...?

Dans cette situation là encore, consciemment ou non, je crois que cette incapacité à rester dans un milieu stable a beaucoup joué sur mon subconscient. Je me souviens que mon dialogue intérieur était souvent: «T'es ben lâche, t'es ben instable, t'es pas normal, t'es ben rebelle.»

Pourtant j'avais été élevée par des parents travaillants, dévoués, attachés à la famille et ayant de bonnes valeurs. Était-ce parce que j'étais indisciplinée, têtue, désobéissante? D'où me venaient ces comportements? Pourquoi semblais-je si différente des autres?

2.
Mon cheminement

LE POINT TOURNANT

Pendant dix ans, mon époux et moi avons essayé d'avoir des enfants. J'ai fait des fausses couches et, avec les années, notre rêve de fonder une famille ne semblait pas devenir réalité.

Même si, toute ma vie, j'ai cru que les choses arrivent pour une raison, il est parfois difficile de les accepter quand on ne comprend pas. Craig et moi regardions les mamans ados et cela nous attristait. Pourquoi cela arrivait à ces personnes mais pas à nous qui étions en mesure financièrement et mentalement de nous occuper d'un enfant? Ou encore lorsque nous entendions aux nouvelles des histoires de négligence de parents envers leurs enfants, nous portions des jugements: où était-elle, la justice dans ce monde?

Pendant les premières années à essayer de concevoir des enfants, j'utilisais la méthode sympto-thermique et je notais tous les symptômes sur une charte. Après deux ans, nous avons décidé d'arrêter cette méthode pour être moins dans la «mécanique» et laisser le plaisir reprendre sa place. Après environ cinq ans, nous avons essayé les traitements de fertilité, et j'ai dû opter encore pour le thermomètre et le calendrier de symptômes. Encore là, j'ai goûté au sentiment que je n'étais pas normale. L'infirmière me disait que j'étais stupide et que mon ovulation était au 14e jour et non au 19e. J'avais beau lui dire que même cinq années plus tôt j'avais les mêmes résultats, mais selon elle, c'était moi la fautive. Cela s'est produit trois fois. Après ces trois fois à me faire dire et me faire sentir que j'étais idiote, j'ai décidé (avec mon conjoint qui me soutenait à 100%) d'abandonner les traitements de fertilité. Craig et moi avons pris la décision à ce moment-là que si *notre* grossesse n'arrivait pas naturellement, c'est qu'il y avait une raison.

Les hormones dans le plafond, un emploi au gouvernement qui ne me valorisait pas, où je n'étais pas bien, où ma créativité n'avait pas sa place et, en plus, où je me faisais dire: «Brasse pas la baraque, tais-toi et fais ce qu'on te dit…», c'est à cette période de ma vie que j'ai plongé dans une dépression.

Lors des journées vraiment trop pénibles pour aller au boulot, je restais à la maison et souvent, comme on n'a pas d'énergie pour faire quoi que ce soit lorsqu'on est en dépression, je regardais la télévision. Par coïncidence ou c'était de cette façon que l'univers me parlait, je tombais sur des émissions comme *Clean Sweep* sur TLC, *Le Grand Ménage* sur Canal Vie, *Neat* sur HGTV, et c'est alors que j'ai réalisé que je devais commencer à faire du ménage dans mes affaires.

Boîte par boîte, tiroir par tiroir
Mon processus de désencombrement

À l'émission *Clean Sweep* sur TLC, Peter Walsh parle franchement à ses clients. Il leur fait prendre conscience de l'impact qu'a le désordre dans leur vie. Plus j'écoutais les émissions, plus les paroles de monsieur Walsh s'adressaient à moi.

Alors, tranquillement mais sûrement, j'ai commencé à éliminer des choses autour de moi. J'ai attaqué, je m'en rappelle comme si c'était hier, des boîtes de vieux manuels scolaires, mes notes de cours de l'université, du cégep et du secondaire; eh oui, j'avais gardé tout ça. J'étais fière de ce que j'avais accompli, alors pourquoi jeter ou recycler tous ces articles… La voix de Peter Walsh me revenait dans la tête: «Caroline, pourquoi as-tu besoin de les garder, qu'est-ce que ça t'apporte de plus dans ta vie? Est-ce que tu crois que, parce que les papiers n'existent plus, ta fierté va disparaître aussi? Ça fait combien de fois que tu déménages ces boîtes et que tu ne les as jamais ouvertes?» «D'accord, me dis-je à haute voix. Caro, c'est ici que ça commence!»

Alors, boîte par boîte, j'ai passé à travers mes souvenirs scolaires et j'ai mis au recyclage tout cet amas de papier. J'ai gardé deux travaux comme souvenirs.

Ensuite, je suis passée dans mon bureau où j'ai éliminé de nombreuses fournitures de bureau. «Non mais, pourquoi ai-je besoin de tous ces articles?» Et à moi de me répondre: «Ben, tu ne sais jamais, peut-être que ça te sera utile un jour.» «Oui, mais ça fait dix ans que tu traînes ça et ce n'est jamais arrivé.» Au fond, ce n'était pas un magasin général. Je n'avais pas besoin de trois brocheuses dans la maison, pas besoin de tout ce papier à lettre qui, en fait, commençait à jaunir, de tous ces innombrables stylos, cartables et autres objets dont j'ignorais l'utilité. Finalement, j'ai réussi à remplir une belle boîte à donner à une œuvre de charité.

Dans mon bureau se trouvait également tout mon matériel d'artisanat. «Ouf, je sens que ce sera difficile.» Alors, tiroir par tiroir, j'ai commencé à sortir tous les articles et je me rendais compte combien j'avais de projets non complétés. Alors, le dialogue entre mon moi qui désirait garder tout et le nouveau moi qui essayait de faire de l'espace a débuté de nouveau. «Ah, la belle fleur mauve.» «Ben voyons, c'est un petit point à moitié fait, vas-tu vraiment le compléter?» «Peut-être un jour...» «Pourquoi tu ne l'as pas fini il y a cinq ans?» «Je ne me souviens plus. Attends une minute... Ah oui, j'avais mal aux mains à faire ce travail si minutieux.» «Alors, mets-le dans la boîte à donner avec tous les fils, aiguilles, etc., et quelqu'un va le terminer avec joie.» Et la conversation s'est poursuivie pour tous les projets: peinture sur bois, tricot, origami, etc. J'en ai gardé certains, et j'ai été capable d'en laisser aller d'autres. Mais, au moins, il y a eu du progrès.

DÉCOUVERTE D'UN VIEUX RÊVE

Parmi mes bricolages et mes travaux d'artisanat, j'ai trouvé une vieille boîte. Au début, je ne me souvenais pas de ce qui se trouvait à l'intérieur. À ma surprise, lorsque je l'ai ouverte, une vague d'émotions a monté en moi. Enfouis dans cette boîte se trouvaient tous les documents que j'avais rassemblés dans le but d'ouvrir une garderie. Avant même d'avoir rencontré Craig, je portais en moi le rêve d'en ouvrir une lorsque j'aurais trouvé l'homme de ma vie et que nous aurions eu des enfants. La réalité m'a frappée: j'avais trouvé mon époux, mais les enfants ne venaient pas.

Pendant le processus de désencombrement de ma maison et de ma vie, ma chère cousine Brigitte m'avait prêté le livre *Qui a piqué mon fromage*, du Dr Spencer Johnson. Ce livre traite de l'adaptation au changement, dont je me considérais une experte, mais il a été pour moi très révélateur à un autre point de vue. Pour ceux qui ne le connaissent pas, c'est une histoire où deux souris et deux petits hommes font face à des changements. Et la révélation pour moi a eu lieu lorsque je me suis reconnue en l'un de ces personnages. Celle à qui toutes les mauvaises choses arrivent, où tout ce qui se passe n'est pas sa faute ; en d'autres mots, elle est une victime. Comme un coup en plein visage, j'ai pris conscience que je me considérais comme une victime. J'ai compris que si je voulais être heureuse, si je voulais vivre le bonheur, il fallait que je prenne la responsabilité de ma vie et que, oui, j'avais du pouvoir sur ma vie. Je ne pouvais pas changer les choses où je n'avais pas le contrôle (comme avoir un enfant), mais là où j'en avais, il était temps que je fasse quelque chose.

Alors pour revenir à ma belle boîte à surprises contenant mon rêve endormi, j'ai réalisé que, peut-être, je n'ouvrirais pas ma garderie, mais au fond il y avait longtemps que je rêvais d'être à mon compte, d'avoir ma propre entreprise, d'être mon propre patron. Pour une fois depuis longtemps, la possibilité d'être heureuse me semblait maintenant envisageable.

L'ACCEPTATION DE SOI

À travers le processus d'épuration de mes papiers, de mon bureau, de mes articles d'artisanat, je commençais à sentir une force. Je développais mon habileté à raisonner par rapport à mes attachements émotifs et je me sentais prête à entreprendre le ménage de ma garde-robe.

Confronter l'ensemble de ses vêtements, je crois que c'est confronter l'image qu'on a de soi. Pour quelqu'un qui a toujours joué au yoyo avec son poids, ce n'est pas facile d'être vrai avec soi-même. Se regarder dans le miroir apporte souvent un dialogue intérieur qui n'est pas toujours gentil.

«Ça fait combien de temps que tu n'as pas porté ce vêtement?» «Oui, mais je le reporterai sûrement un jour.» «Il est trop grand... oui, mais au cas où je reprendrais du poids.» «Il est trop petit... oui, mais au cas où je perdrais du poids.» «Il manque un bouton depuis trois ans et tu ne l'as pas réparé encore... oui, mais je vais le faire un jour.» «Il y a une tache... oui, mais j'ai acheté un nouveau produit, peut-être que ça va la faire disparaître.» «Tu n'es pas belle là-dedans... oui, c'est vrai.» «Tu as l'air grosse... oui, je sais.» «Mais pour qui te prends-tu d'essayer de porter ce vêtement?... Il me fait paraître plus jeune, non?» «Tu n'as porté ce chandail qu'une fois... oui, mais je ne peux m'en départir, c'est le chandail que je portais quand j'ai rencontré Craig.» «Ça fait deux ans que tu as acheté ce vêtement et l'étiquette y est encore... oui, mais je ne peux pas le donner, je l'ai payé cher.»

Le fait de passer en revue nos vêtements nous permet de voir en face la dure réalité par rapport à notre poids. Les vêtements trop grands nous permettent de prendre conscience que nous avons déjà été «pires», mais je crois aussi qu'ils donnent le message à notre subconscient que ce n'est pas si grave d'engraisser, car nous aurons tout le nécessaire pour nous ajuster à notre nouveau poids. Avoir des vêtements trop petits nous rappelle chaque jour que nous avons déjà été plus minces et que nous avons échoué à maintenir ce poids. Alors, pourquoi endurer chaque jour cette torture inconsciente, pourquoi nous flageller mentalement chaque matin en ayant à décider quoi porter et devoir nous rappeler que notre poids n'est pas à son meilleur?

Durant le processus, j'ai appris à garder le moins de vêtements possible et ceux que je gardais me permettaient de me sentir belle et confiante. Sur une échelle de 1 à 10, j'évalue comment je me sens quand je porte tel ou tel vêtement. Si la réponse est moins de 7: «Bye-bye jupe, bye-bye chemisier, vous ne méritez pas que je vous porte!»

Apprendre à nous accepter tel que nous sommes, dans le moment présent, n'est pas facile mais nous pouvons travailler sur cet aspect. Plus nous le faisons, plus nous nous donnons confiance et nous devenons indulgents envers nous-mêmes. Il faut surveiller notre dialogue intérieur lorsque nous nous regardons dans le miroir. Nous ne devrions jamais nous dire des paroles que nous ne dirions pas à un ou une ami(e): tu es gros(se), tu es laid(e), tu ne mérites pas d'être aimé(e). Il faut accepter d'avoir des bourrelets, de la cellulite; la perfection n'existe pas. Ce qui rend une personne désirable n'est pas nécessairement son corps mais plutôt ce qu'elle dégage. Porter des vêtements qui avantagent notre silhouette nous permet de nous sentir mieux et d'augmenter notre confiance. Oui, il y a des jours qui sont plus difficiles que d'autres, mais quand ces sentiments de malaise sont l'exception plutôt que la règle, notre moral s'en porte beaucoup mieux.

M'ALIGNER

J'ai lu également le livre de Martha Beck: *Find Your Own North Star* [Trouver sa propre étoile du nord]. Cela m'a permis de réaliser que mon moi essentiel (la personne que je suis) et mon moi social (la personne que je suis à cause des influences de mes parents, de mes amis, de mes professeurs, de ma foi, etc.) n'étaient pas en équilibre.

Mon *moi essentiel* est une personne très sociale, qui a besoin de la présence des gens. Mon travail, au gouvernement, m'isolant dans un bureau à cloisons à compléter des rapports sur tableur toute la journée faisait que je ne parlais pas beaucoup. Le soir, j'entrais à la maison avec mon époux qui n'est pas un grand parleur. De plus, parce que j'étais déprimée, je m'étais isolée du reste du monde (amis et famille).

Mon moi essentiel est également une personne créative, pleine d'imagination, alors que mon travail consistait à faire des analyses de chiffres et de données. Je travaillais dans un endroit où la créativité n'était pas favorisée, où penser autrement était découragé. Avec la dépression, je n'avais plus l'énergie d'être créative à la maison, mes projets de bricolage étaient devenus un fardeau trop compliqué pour l'effort que j'avais à y investir. Je me sentais étouffée, je n'avais plus d'enthousiasme.

Je me retrouvais souvent dans une position où je disais oui quand tout mon être me criait de dire non. J'étouffais cette voix, car ce que les autres pensaient et voulaient était plus important que mes propres désirs, mes besoins et mes goûts. Être «égoïste» est mal vu dans notre société, pourtant il y a une dif-férence entre être égoïste (penser à soi et ses besoins) versus être égocentrique (être centré sur soi-même).

En 2007, lors d'une formation avec Sophie Tremblay du groupe Cohésion Coaching, on nous a demandé d'écrire une phrase qui nous venait à l'esprit spontanément. Ne sachant pas d'où elle m'était venue, mon stylo a écrit: *Devenir égoïste va me permettre d'aimer et d'aider plus de gens.* C'est à partir de cet instant que j'ai commencé à prendre soin de moi. Prendre soin de sa personne veut dire qu'on sera plus en forme physi-quement et mentalement pour prendre soin de ses enfants, de ses parents, de ses amis, de ses clients. Combien parmi nous attendent la maladie (cancer, dépression) avant de réaliser qu'il faut prendre soin de soi? On entend souvent des gens frappés par la maladie, moi comprise, dire que c'est la meilleure chose qui leur soit arrivée. Le point tournant pour moi a été ma dépression, car toucher le fond du baril m'a permis de vraiment faire le vide et de réaliser ce qui compte réellement, ce qui est le plus important pour moi et j'ai fait les choix pour y arriver.

Apprendre à dire non sans me sentir coupable a été un gros apprentissage. Au début, tu y penses, mais tu ne le fais pas. Ensuite, vient l'étape d'essayer de dire non, mais lorsque tu vis un peu de culpabilité ou de résistance, tu reviens sur ta parole et tu cèdes. Ensuite tu dis non, tu as le menton qui tremble et les larmes au bord des yeux, mais tu tiens ton bout (plus tard tu t'en fais, tu te culpabilises, tu dors mal, mais au moins, tu as tenu bon), finalement tu en arrives à dire non avec conviction et sans culpabilité, car tu restes connecté à tes valeurs, ce qui est important. Le livre de Martha Beck m'a vraiment aidée à comprendre le comportement autour du non et à écouter la petite voix intérieure que nous étouffons si souvent.

Après avoir pris connaissance du déséquilibre entre mon moi essentiel et mon moi social, j'ai compris pourquoi je pleurais tous les jours.

En faisant mienne la citation de Robert T. Kiyosaki, auteur à succès de *Père riche, père pauvre* : «Lorsque l'on fait des choix faciles, la vie devient difficile; lorsque l'on fait des choix difficiles, la vie devient facile», tout a changé.

PLUS J'EN FAIS, MIEUX JE VAIS

Au cours des mois suivants, je me suis débarrassée des choses dont je n'avais pas besoin et de celles que je n'aimais plus, de ce qui ne me faisait plus vibrer. En peu de temps, j'ai commencé à voir plus clair, comme si le brouillard qui s'était installé dans ma tête se dissipait lentement. Soudainement, j'avais plus d'énergie. Au lieu de toujours m'asseoir devant la télévision après le travail pendant plusieurs heures, j'avais le goût de faire des choses autour de la maison, d'aller marcher, de téléphoner à quelqu'un. Je sortais peu à peu de mon isolement. Première chose que j'ai réalisée: j'avais perdu une dizaine de kilos sans faire de régime. Je me sentais plus légère dans tous les sens du mot.

Je suis devenue plus confiante de prendre des décisions, de faire des choix et de m'affirmer.

Il est important de faire du ménage dans ses objets, mais il est aussi important de faire du ménage dans ses relations. Parfois une relation peut être trop drainante, il n'y a plus de point en commun, elle est à sens unique continuellement. Des gens sont parfois mis sur notre chemin de façon temporaire et nous avons une leçon à apprendre d'eux. Quand j'ai pris conscience que certaines personnes siphonnaient mon énergie, que c'était toujours moi qui devais faire tous les efforts, ou que les autres n'étaient pas là comme je l'étais pour eux lorsque j'avais besoin de leur amitié, j'ai commencé à appliquer le même raisonnement que pour l'épuration de mes objets.

Au début, on se sent davantage coupable parce qu'on a affaire à des êtres humains, mais lorsqu'on comprend cela, on accepte de ne pas être obligé de traîner une relation, c'est très libérateur. Surtout au travail, on a parfois des collègues négatifs qui rendent les journées pénibles. Lorsque je me suis éloignée de toute source négative (dans la mesure du possible), j'ai remarqué l'impact positif sur mon énergie. En laissant tomber des amitiés ou des connaissances, cela a fait de la place pour de nouvelles rencontres.

Après plusieurs mois, j'ai vu la lumière au but du tunnel, mon état dépressif s'atténuait. J'avais maintenant une forme d'excitation qui semblait bouillonner au fond de moi, je n'étais pas certaine de ce que c'était, mais une transformation s'opérait en moi, comme si plus rien ne pourrait m'arrêter.

Mes nouvelles connaissances, mon cheminement personnel et ma détermination m'ont permis de comprendre que si j'étais capable de m'organiser et de laisser aller des choses, eh bien, d'autres personnes en seraient capables aussi. Si j'ai pu apprendre, d'autres le peuvent aussi.

MA PORTE D'ENTRÉE

À ce moment de ma vie, j'ai fait la découverte d'une association nommée *Organisateurs professionnels au Canada* (OPC). *Ouah!* Ce métier existe au Canada et il y a même une section dans la région d'Ottawa, et je demeure à Gatineau.

En avril 2005, je décide d'investir sur moi et je m'inscris à une formation de trois jours à Montréal ayant comme sujet *Comment devenir un organisateur professionnel*. Pendant la formation, je sais que je suis sur la bonne piste.

Je visite la section des OPC d'Ottawa trois fois comme invitée et en septembre 2005 je m'y joins comme membre. C'est officiel, mon entreprise «À la Carte, Services d'organisation» est lancée. Je garde mon emploi au gouvernement, et peu à peu je travaille chez des clients le soir et les fins de semaine. Question de savoir si la demande est là, mais aussi si je suis en mesure d'être une bonne pédagogue d'organisation. En effet, on peut être la personne la plus organisée sur la terre, mais si on n'est pas en mesure de travailler et de transmettre ses connaissances à ses clients, ils ne seront jamais capables de maintenir les systèmes qu'on a élaborés avec eux.

À ce moment-là, les OPC offrent quelques cours en anglais par téléformation, mais je suis moins attirée par ce concept. Je suis très autodidacte, alors je décide de recueillir l'information dans plusieurs livres, j'écoute les experts à la télévision, je participe au congrès annuel des OPC où présentations et conférences sur le sujet de l'organisation sont au programme. Je puise dans mon vécu, dans ma capacité à résoudre des problèmes, dans ma créativité pour répondre aux besoins de mes clients. Souvent, les clients ne voient pas les solutions qui sont devant eux, car ils sont trop collés à leur quotidien. Alors, mon regard neuf sur leurs problématiques me permet de penser à des choses qu'ils n'avaient pas vues. Plus j'ai de clients, plus j'aide les gens, plus je me sens à ma place. Et, de cette façon, c'est comme si j'avais trouvé ma raison d'être, ma passion. En éliminant mon désordre, j'ai trouvé un sens à ma vie.

Malgré tout, je suis encore au gouvernement dans un emploi que je n'aime pas, qui ne me colle pas à la peau, avec des gestionnaires difficiles à supporter. Alors, même si je ressens de l'espoir et de l'excitation pour mon entreprise, je suis aussi tiraillée, j'ai encore parfois les *blues*, je ne suis pas encore heureuse à 100%.

J'ai demandé à Craig si nous pouvions vendre notre grosse maison où la moitié des pièces sont inoccupées, pour que nous achetions quelque chose de plus petit afin qu'il soit possible financièrement que je quitte mon emploi au gouvernement. Sa première réponse a été négative, il voyait cela comme un recul dans notre niveau social. Mais je lui ai répondu que la maison serait à vendre de toute façon, soit qu'il me suive pour réaliser mon projet, soit que nous divorcions. J'étais tellement malheureuse qu'il fallait qu'un changement radical se produise, sinon je ne savais pas si j'avais la volonté de vivre encore longtemps de cette façon. Après quelques semaines, il m'a annoncé qu'il se sentait prêt et qu'il était derrière moi entièrement. La maison s'est vendue au bout de quelques mois, et nous avons déménagé dans un beau petit bungalow. Nous étions très heureux de notre choix. Après avoir compris que nous ne serions que deux (et notre belle chienne, Cayla, un labrador chocolat), une petite maison convenait parfaitement. De plus, il y avait moins de ménage à faire et moins d'espace pour accumuler inutilement des choses.

En novembre 2006, j'ai participé au congrès des OPC où Helen Buttigieg (experte en organisation à l'émission *Neat* sur HGTV ou *Remue-Ménage* en rediffusion sur Canal Vie) a fait une présentation. Elle disait de faire confiance à la vie et que, parfois, il faut faire le grand saut, même si on n'a pas toutes les certitudes.

Avec l'inspiration et la motivation reçues à ce congrès, j'ai décidé en janvier 2007 de prendre une année sabbatique pour m'engager entièrement dans mon entreprise.

J'ai pris le risque financier d'investir dans mon site Web. C'est un peu la philosophie du «*go big or go home*» qui se traduit par: *mise haut ou pas du tout*. À la suite de mes recherches, j'ai décidé d'engager et de soutenir une entreprise locale, soit OLA Communications. Je savais qu'avec eux, j'aurais un site à mon image, que le côté créatif en moi qui m'est si important serait bien représenté, car, tout comme moi, qui dit OLA dit créativité. Oui, mon site m'a coûté plus cher que la moyenne, mais je n'ai pas considéré cela comme une dépense mais bien comme un investissement.

Après les six premiers mois de mon année sabbatique, j'ai réalisé que j'envoyais un double message à l'univers en gardant mon attachement au gouvernement, comme quoi je n'avais pas confiance que mon entreprise puisse réussir. J'ai donc pris la décision de remettre ma démission officielle en juillet 2007. Quel soulagement et quelle excitation ce geste m'a apportés! Oui, certes, cela signifiait une insécurité financière, mais je continuais de faire confiance à la vie.

Depuis juillet 2007, moment où j'ai vraiment lâché prise, j'ai reçu de belles leçons de la vie. Ces leçons me réaffirment que lorsqu'on fait du ménage, qu'on élimine ce qui nous irrite, la place se libère pour de la nouveauté.

3.
Mon cerveau

LA RÉVÉLATION : DOMINANCE DE
L'UN DES HÉMISPHÈRES DU CERVEAU

En 2007, j'ai travaillé en collaboration avec une autre organisatrice à la préparation d'un atelier. Durant mon processus de
recherche, je suis tombée sur un livre qui est venu changer la
façon dont je percevais mon existence.

Comme je l'ai écrit plus tôt, presque toute ma vie, je me suis
flagellée dans mon discours intérieur : *Caroline, tu n'es pas nor-*
male, tu es rebelle, tu es indisciplinée, tu es désorganisée, tu es
traîneuse, tu ne viens pas de ce monde, tu es différente, tu te
sens seule au monde, etc.

Ce livre, écrit par Lehmkuhl et Lamping, qui s'intitule :
Organizing for the Creative Person [L'organisation pour la personne créative], a été le moment magique où tous les morceaux
du casse-tête se sont mis en place.

◆ *En quoi consiste ce livre?*

Il y est écrit que tout ce que nous faisons et toutes nos préférences sont étroitement liés à la façon dont nous assimilons l'information. Cet ouvrage est basé sur les recherches du Dr Roger W. Sperry de l'Institut de technologie de la Californie. En 1981, il remporta avec deux collègues le prix Nobel pour ses recherches sur l'hémisphère dominant du cerveau, gauche ou droit. Ces découvertes sont maintenant à la base de ce que nous savons sur la façon dont les personnes pensent et fonctionnent dans ce monde (Myers Briggs, *Kolb's Learning Styles*, etc.).

En résumé, les deux hémisphères du cerveau ont chacun leurs fonctions distinctes et tout le monde utilise les deux côtés. Certaines personnes utilisent les deux hémisphères de façon égale, mais d'autres dépendent naturellement plus d'un côté que de l'autre.

Pour un bon équilibre, les deux hémisphères (et leurs compétences relatives) sont essentiels. La bonne nouvelle est que chacun a la capacité de développer son côté le plus faible.

En organisation, on utilise souvent les différences suivantes pour faire référence à sa dominance d'hémisphère de cerveau: on a une préférence pour organiser les choses hors de la vue (cachées) ou on préfère organiser les choses de telle façon qu'elles soient à la vue (empilées).

Quand nous commençons à regarder les distinctions entre les deux hémisphères, nous comprenons certains de nos propres comportements ou ceux des personnes qui nous entourent.

◆ *Indices de base*

– Pour les personnes qui ont une dominance de l'hémisphère gauche:

- Elles préfèrent les choses rangées (tiroirs, classeurs, récipients, placards).

- Elles croient que les choses à la vue égalent désordre et distraction.

- Elles classent leurs papiers.

– Pour les personnes qui ont une dominance de l'hémisphère droit :

- Elles préfèrent les choses à la vue (que l'information soit accessible et disponible).

- Elles ont peur que les choses rangées soient oubliées.

- Elles placent en piles leurs papiers.

L'ordre de pensée diffère aussi :

– Pour les personnes qui ont une dominance de l'hémisphère gauche :

- Elles analysent, ensuite elles agissent et après elles ressentent.

- Leur mode de pensée est d'ordre séquentiel (les étapes pour accomplir quelque chose sont claires : étape 1, ensuite étape 2, ensuite étape 3 et finalement étape 4).

– Pour les personnes qui ont une dominance de l'hémisphère droit :

- Elles ressentent, ensuite elles agissent et ensuite elles analysent.

- Leur mode de pensée est d'ordre spatial et sensoriel (les étapes pour accomplir quelque chose ne sont pas claires, comme si toutes les étapes étaient dans un gros nuage, étape 2, étape 4, étape 1, étape 3, mais l'ordre d'application n'est pas évident. Elles doivent se fier à d'autres repères que la logique pour les exécuter.)

♦ *Caractéristiques*

HÉMISPHÈRE GAUCHE	HÉMISPHÈRE DROIT
• Penseur méthodique, logique, concret • Orienté sur les détails, voit les arbres • Une place pour tout et tout à sa place	• Penseur abstrait, visuel, images, modèles • Portrait d'ensemble, voit la forêt • Préférence pour tout voir et pour savoir où tout se situe

♦ *Forces*

HÉMISPHÈRE GAUCHE	HÉMISPHÈRE DROIT
• Concentration et focalisation • Analyse • Mise en priorité	• Relations interpersonnelles • Imagination fertile • Résolutions de problèmes, remue-méninges

♦ *Autres caractéristiques*

HÉMISPHÈRE GAUCHE	HÉMISPHÈRE DROIT
• Très conscient du temps, ponctuel • Besoin d'être structuré • Ordonné (calme, environnement rangé)	• Déteste la routine • Rebelle à la discipline • Désordonné / Polyvalent • Difficulté à renoncer, à donner des choses

Avez-vous lu ça: déteste la routine, rebelle à la discipline, désordonné, etc.? Au fond, ce n'est pas parce que je suis têtue, méchante ou hors de ce monde, mais c'est parce que mon cerveau ne traite pas l'information de la même façon que les autres. Quel soulagement pour moi!

◆ *Difficultés rencontrées*

Voici quelques aspects négatifs ou difficultés rencontrées selon la dominance de l'hémisphère.

HÉMISPHÈRE GAUCHE	HÉMISPHÈRE DROIT
• Peut être accusé d'aimer le contrôle, de porter des jugements, d'être obsessif, rigide, insensible • Très critique envers les autres n'ayant pas les mêmes standards d'organisation	• Peut être accusé d'être impulsif, désordonné, rebelle, paresseux, trop sensible et toujours en retard • Ressent souvent de la culpabilité et de la honte à la suite des nombreuses critiques de ne pas être organisé

La faculté d'organisation se retrouvant dans l'hémisphère gauche du cerveau, il est donc très normal pour les personnes qui utilisent plus souvent les facultés de l'hémisphère droit de ne pas être organisées.

Au niveau de l'organisation, les individus à dominance gauche peuvent donner l'impression d'être organisés et ceux à dominance droite peuvent donner l'impression d'être désorganisés. C'est-à-dire que ceux qui donnent l'impression d'être organisés peuvent se retrouver avec du désordre caché: à vue d'œil, il n'y a rien qui traîne, mais tout est pêle-mêle dans les armoires, ou ils compliquent leur système de classement et ne trouvent rien. Tandis que ceux qui donnent l'impression d'être désorganisés (car il y a des piles partout) peuvent très bien avoir développé un système et sont en mesure de trouver ce qu'il faut en un très court laps de temps.

Alors, la dominance d'hémisphère du cerveau influence le style organisationnel d'une personne. Il s'agit d'adapter des solutions qui vont répondre à sa façon naturelle de faire les choses. Quand on force une personne à dominance droite à tout classer et à ranger ses papiers, elle ne sera jamais en mesure de maintenir ce système, car cette méthode va à l'encontre de sa nature.

◆ *Solutions*

Par exemple, voici des solutions pour un bureau.

HÉMISPHÈRE GAUCHE	HÉMISPHÈRE DROIT
• Tiroirs à division • Systèmes de classement par catégorie • Armoire • Organisateur électronique • Meuble de rangement sur roulettes • Tiroirs empilables	• Tableau en liège, chevalets et tableau blanc • Plateau à lettre, pigeonnier • Code de couleur pour système de classement des dossiers • Classeurs muraux et trieur incliné • Table à dessin et à grande surface • Organisateur de bureau transparent • Bloc-notes autocollants

C'est pour cette raison que, ayant pris conscience de cela, je fais toujours passer une auto-évaluation pour déterminer le style organisationnel de mon client. Je suis en mesure de lui donner des solutions d'organisation qui vont répondre à la dominance d'hémisphère de son cerveau.

◆ *Futur*

Lorsque les gens passent le test, souvent leurs réponses vont vers la dominance gauche ou équilibrée, mais leur tendance naturelle est plutôt vers la droite. Cela s'explique en partie parce que, dans le monde occidental, tout est en fonction de la dominance gauche, c'est-à-dire la raison, la logique, le rationnel, la pensée structurée, etc. Le travail et l'école répondent à cette tendance. Ainsi, les personnes qui sont naturellement à dominance droite ont souvent été forcées de se conformer et de s'adapter à leur environnement. Souvent, celles qui ne se sont pas adaptées ont été étiquetées d'excentriques, de marginales et ont fait face au rejet.

En discutant avec France Hutchison, auteure, conférencière et fondatrice de PedaGO.ca, une entreprise de services en coaching, formation et matériel spécialisé en éducation, on en vient à penser que le système scolaire devra faire plus de place à différentes approches d'enseignement (non traditionnelles) afin de répondre à la demande grandissante d'enfants ayant des troubles d'apprentissage et de langage.

Je suis d'accord. L'avenir appartient à ceux qui ont l'hémisphère droit du cerveau développé. Le MBA (*Master of Business Administration* – Maîtrise en administration des affaires) tant convoité dans le monde des affaires ne sera plus suffisant. Les gens avec un MFA (*Master of Fine Arts* – Maîtrise en arts visuels) auront un très gros avantage par rapport aux autres lorsque viendra le temps de grimper les échelons dans le monde des affaires.

4.
Mes accomplissements

SIGNES QUE JE SUIS SUR LA BONNE VOIE

Je travaille beaucoup avec la visualisation et, en mars 2007, j'ai créé un tableau de visualisation. J'ai fait un collage d'images et de mots qui représentent ce que je veux dans la vie. C'est aussi durant ce temps que j'ai clarifié la mission de mon entreprise, soit celle d'inspirer le plus de gens francophones possible à s'organiser, par le biais des médias (télévision, radio, journaux, Internet) et de conférences.

◆ *Télévision*

En juillet 2008, le téléphone a sonné. C'était TVA. On m'appellait pour m'inviter à passer une audition en tant qu'experte en organisation pour l'émission *Tout Simplement Clodine. Ouah!* j'ai regardé mon tableau sur lequel j'avais mentionné que je voulais faire de la télévision. Bouche bée, je ne pouvais croire que cela m'arrivait maintenant (j'avais toujours cru que ça se produirait un jour, mais pas si tôt). Alors, bien sûr, j'ai accepté en pensant que l'audition serait une merveilleuse expérience pour la prochaine fois. TVA choisirait sûrement quelqu'un de Montréal, car il y avait déjà d'autres organisatrices qui avaient de l'expérience en télévision. Alors je m'y suis rendue avec la meilleure des intentions, sans trop de pression ni d'attentes. Je suis restée fidèle à moi-même. Je me suis dit que si j'étais la personne qu'ils recherchaient, alors ce serait moi, sinon ce ne serait pas grave, j'aurais eu cette très belle opportunité. Quand le téléphone a sonné pour une deuxième audition, cette fois-ci avec Clodine, c'était encore la même pensée: j'allais faire de mon mieux, je resterais vraie et il arriverait ce qui devrait arriver. Quand j'ai reçu le troisième appel pour une dernière audition devant le réalisateur et une bonne partie de l'équipe, j'étais plus qu'emballée. Alors, pendant dix mois, j'ai baigné dans l'univers de la télévision. Je trouvais surréaliste le fait de me retrouver dans la salle de maquillage à côté de comédiens et d'acteurs connus. J'étais tellement contente d'avoir ce véhicule pour inspirer les gens à désencombrer leur maison et à s'organiser.

◆ *Conférences*

Sur mon tableau de visualisation, j'avais l'image d'une dame sur un podium qui représentait mon désir de donner des conférences et des ateliers. Puis, un jour, on m'a sollicitée pour donner des conférences au personnel du milieu scolaire, dans des entreprises, dans la fonction publique fédérale et dans divers organismes sans but lucratif. Je me souviens, après ma première présentation, lorsque les gens ont quitté la salle, d'avoir été envahie par un profond sentiment de satisfaction, de gratitude et aussi de certitude que j'étais au bon endroit dans ma vie et que j'avais trouvé ma place.

Lorsque je m'adresse à une salle de cent vingt-cinq personnes et que je vois des gens pleurer parce que j'ai réveillé en eux quelque chose qui les affecte profondément, et que mes paroles, mes conseils et mes trucs leur permettront de faire un bout de chemin, c'est gratifiant. Cela me confirme que le message que j'ai à transmettre est important et qu'il a sa place.

◆ *Radio*

Craig et moi étions en voiture et je commençais à en avoir marre du poste de radio que nous écoutions à ce moment-là. Je l'ai changé pour le 104,7 FM *Souvenirs Garantis* (maintenant CKOI) et en écoutant l'émission du matin, je me suis exclamée: «De toute façon, je vais commencer à faire des chroniques sur ce poste bientôt!» Deux semaines plus tard, le téléphone a sonné. À l'autre bout du fil, c'était l'animatrice du poste de radio, Valérie Clairoux, qui m'a demandé si j'étais intéressée à faire des chroniques à la radio toutes les semaines. Je me rappelle m'être dit: *Ouah! le pouvoir d'attraction. Quand tu es alignée sur ta mission de vie, ça marche vraiment!* Alors, de septembre 2009 jusqu'à janvier 2011, j'ai inspiré les gens à s'organiser grâce à ma chronique radiophonique.

◆ *Attestation*

Comme je l'ai mentionné précédemment, je suis autodidacte et je n'ai pas suivi les téléformations données par mon association. Pour être éligible à passer l'examen d'attestation *Trained Professional Organizer*, on doit avoir réussi tous les cours ou, si on est membre depuis trois ans, on peut se présenter à l'examen. J'étais éligible en 2008, mais je n'ai pas assisté au congrès annuel. Comme j'avais décidé d'assister à celui de Calgary en novembre 2009, est-ce que j'allais prendre le risque de passer l'examen? Je n'avais jamais suivi les cours officiels et l'examen était en anglais; alors, j'aurais l'air de quoi si je ne réussissais pas? (On présentait les personnes qui avaient réussi lors d'une soirée gala au cours du même week-end). Qu'est-ce que j'allais faire? Finalement, je me suis souvenue de la définition de l'échec: *le seul échec dans la vie est de ne jamais essayer.* Alors la peur d'échouer n'allait pas m'empêcher d'essayer: je me suis inscrite. Ce fut difficile, surtout à cause des nuances de la langue, et lorsque je suis sortie de l'examen, je n'étais pas vraiment certaine d'avoir réussi. À la soirée du gala, lorsqu'on a nommé les personnes qui avaient réussi, le cœur me débattait. Quand on a prononcé mon nom, j'étais plus qu'emballée et, à ma façon, j'ai poussé quelques cris d'enthousiasme.

◆ *Reconnaissance*

En décembre 2009, je fus en nomination à titre de travailleuse autonome de l'année selon le RÉFAP (Réseau des femmes d'affaires et professionnelles de l'Outaouais). Ce fut un processus rigoureux. Il y avait une présentation écrite où je devais répondre aux questions du jury et je devais également trouver une façon originale de présenter mes réponses. Ensuite, les femmes en nomination devaient faire une présentation orale devant les membres du jury et ceux du RÉFAP où la majorité des points venaient du jury. De plus, un bonus était attribué au candidat qui avait obtenu le plus de votes des membres. Pour terminer, il y avait une entrevue avec le jury. J'ai été choisie lauréate au Gala de l'Excellence en février 2010. Lorsque j'ai fait mon discours de remerciements, j'ai avoué que je rêvais de ce trophée depuis longtemps. Un an avant cet événement, j'avais découvert dans mon biscuit chinois le message suivant: «Vous allez gagner un prix prestigieux.» Tout de suite, je l'ai associé au gala de l'excellence du RÉFAP et je l'ai ajouté sur mon tableau de visualisation.

◆ *Porte-parole*

Une autre chose que j'avais inscrite sur mon tableau de visualisation était d'être la porte-parole d'un produit quelconque. En août 2009, le téléphone a sonné et c'était une firme de relations publiques qui cherchait une porte-parole francophone pour un de leurs clients. Après quelques entrevues téléphoniques, on m'a annoncé que j'avais obtenu le contrat pour représenter les produits Avery (fournitures de bureau, notamment les fameuses étiquettes). De septembre 2009 à septembre 2010, je fus leur porte-parole francophone et aussi anglophone pour la région d'Ottawa. Durant l'année de mon contrat, j'ai donné des entrevues à la télévision, à la radio, aux journaux ; et mon visage était même sur leur site Internet. L'équipe canadienne et l'équipe montréalaise d'Avery Dennison sont toutes deux constituées de personnes exceptionnelles avec qui j'ai adoré collaborer.

◆ *Livre*

Dans l'avant-propos de cet ouvrage, je vous confiais que je travaillais depuis plusieurs années (vraiment à temps perdu) à mon livre sur les techniques de l'organisation, mais il n'avançait pas parce que je donnais toujours la priorité à des projets de télévision, à mes clients, au bénévolat, etc. Puis, soudainement, le goût d'écrire ce présent livre a pris son envol. Le goût de partager mon histoire m'est venu, afin de donner de l'espoir aux gens, de leur faire part de mes idées et de les inspirer. Nous ne sommes pas obligés de laisser le désordre contrôler nos vies. Avec un peu de motivation et de détermination, toute personne est capable de vaincre son désordre et de faire de la place aux choses nouvelles, mais surtout faire de la place au positif. J'espère de tout cœur que ce livre n'est que le premier d'une série... car j'ai encore plein d'idées pour d'autres.

Chaque journée est un défi

Pour une personne naturellement traîneuse et désorganisée, chaque journée représente un défi.

Parfois, je me demande : suis-je un imposteur en exerçant le métier d'organisatrice professionnelle alors que c'est pour moi un défi chaque jour ? Et quand je me pose cette question, je reçois souvent de beaux témoignages. En voici quelques-uns que je vous offre.

Témoignages

« En tant que mère, je suis ravie de ce que Caroline a fait pour aider mon fils à s'organiser. Il a maintenant tout ce dont il a besoin à portée de la main et prend beaucoup moins de temps à retrouver ses choses. Sa chambre est toujours propre puisqu'il sait où tout ranger. Cela l'a aidé dans ses travaux d'école ainsi que dans sa vie personnelle. Il a adoré travailler avec Caroline et, de plus, elle lui a donné beaucoup de conseils pour l'aider dans le futur. Je n'hésiterai pas du tout à recommander Caroline. Ses services sont excellents, elle est enthousiaste et charmante ! »

– Michèle

Et son fils de m'écrire, un an plus tard :

« Ma chambre va très bien, elle n'est pas encore retournée à son état originel, et espérons qu'elle ne le fasse pas ! Je suis beaucoup plus organisé et cela m'a aidé non seulement pour retrouver mes choses (ce qui est enfin possible !) mais dans ma vie scolaire et sociale, par le biais de la nouvelle énergie positive qui a pris la place de l'énergie néfaste d'avant. Je me sens mieux, plus *relax* et moins stressé. Merci encore une fois!»

— *Max*

ᔕ ᔕ

«Très chère Caroline,

«Quel excellent travail qui a totalement dépassé l'heure de la magie. Un souffle de fraîcheur, un arôme de paix, un vent de bien-être ont transformé cette garde-robe pour faire place à toute une nouveauté. Le regard de ce poids lourd est devenu une douce brise sous mes ailes. Je suis sous le charme de ton organisation profession-nelle qui, en toute simplicité, a tissé une toile à la créa-tion d'un chef-d'œuvre. Toi et Brigitte, sous ton emprise, m'avez libérée à naître vers le soleil et la lumière. Toute ma reconnaissance.»

— *Claire*

ᔕ ᔕ

«On a souvent tendance à critiquer les mauvais services reçus et bien peu tendance à remercier pour les bons ser-vices. Je m'en voudrais de passer sous silence l'excel-lence et le professionnalisme de Caroline, lors de la confection de la garde-robe de ma fille. Cette activité fut un succès sur toute la ligne et je tiens à la remercier pour la qualité de ses services.

«Caroline, tu as su nous faire évaluer nos besoins tout en ayant du plaisir à nous écouter. Tu as également mis le doigt sur nos préoccupations et nous avons reçu plus de judicieux conseils que nous nous attendions. Ta passion pour aider les autres est incroyablement contagieuse et elle est une source d'inspiration qui nous a incitées à passer à l'action. L'investissement dans la création de notre garde-robe est devenu un investissement en nous-mêmes. Je recommande activement tes services à tous ceux qui ont le désir de mettre enfin de l'ordre dans leur vie et dans leur garde-robe, ou dans n'importe quel endroit de rangement, afin de pouvoir vivre, par le fait même, un meilleur style de vie.

«Merci encore une fois en mon nom et en celui de ma fille. Nous espérons avoir la chance de travailler de nouveau avec toi dans un futur rapproché.»

– Nadine

«Pendant mon congé de maternité en 2008, j'ai écouté passionnément vos chroniques *Organisation* à l'émission *Tout Simplement Clodine*... Je trouvais tous vos trucs tellement simples et extraordinaires... Des petits détails si simples qui changent absolument tout... Exemple: conserver en photo des souvenirs qui prennent tant de place mais que nous ne voulons plus exposer... J'adorais vraiment vos chroniques!»

– Guylaine

J'ai travaillé avec une gentille maman de deux enfants. Nous n'avons pas eu la chance de tout terminer, mais avec mes conseils, elle a pu le finir par elle-même. Voici ce qu'elle avait à dire:

«Je ne pouvais pas résister, il fallait que je finisse la cuisine! J'ai suivi tes conseils et j'ai mis tous mes ustensiles de service dans un sac *ziploc* et un contenant de plastique et je les ai mis avec les plats de service. Juste ça a libéré tout un tiroir!!! Je me suis aussi débarrassée d'une autre boîte de choses en trop. Dans le coin de plastique, j'ai plein de place maintenant et j'ai mis tous les couvercles avec les plats. MERCI, MERCI, MERCI! Je suis vraiment contente. Les enfants adorent l'idée du cartable et ont hâte d'écrire leurs mets favoris. Ils ont aussi beaucoup apprécié l'armoire à collations. Je n'aurais jamais pu faire tout ça sans toi.»

– Amélie

Amélie m'a écrit de nouveau quelques semaines après notre rencontre:

«Depuis que tu es venue, j'ai redécouvert le plaisir de cuisiner. C'est tellement plus facile et plus vite de trouver ce dont j'ai besoin! Même mon mari, qui était TRÈS sceptique de faire cet investissement, est bien heureux de voir la différence que ça fait. Aussi, je remarque que je dépense moins en épicerie parce que je sais ce dont j'ai vraiment besoin et j'essaie d'utiliser ce que j'ai dans le garde-manger avant d'acheter autre chose. C'est là que la planification a bien aidé.»

– Amélie

℞ ℠

«Ce qui m'a aidé, c'est de comprendre que certains objets ont une charge émotive négative.»

– Alain

℞ ℠

«Quand j'ai décidé d'appeler Caroline, ma maison et surtout ma tête étaient en désordre. Dès nos premières rencontres, on a connecté tout de suite. Caroline est une personne qui va au-delà dans tout ce qu'elle entreprend. Elle m'a aidée au niveau de l'organisation de ma maison, et surtout elle a pris le temps de m'écouter pour démêler et organiser ma tête. C'est le genre de personne que tu veux garder dans ta vie pour son côté professionnel mais surtout pour l'amitié. Je recommanderais Caroline à n'importe qui. Parfois, on se dit... *ah, j'aimerais tellement être comme telle ou telle personne.* Moi, j'aimerais avoir le *punch*, la joie de vivre et la détermination que Caroline dégage. C'est une belle personne authentique et exceptionnelle.»

– Sheila

∽ ∾

«J'ai fait le triage de mes vêtements hier… que ça fait du bien! Si quelque chose de nouveau entre dans la maison, c'est parce que je suis prête à laisser aller quelque chose d'autre…

«Bye-bye, voici la porte!»

– Julie

∽ ∾

«Toi et ta collègue êtes venues chez nous afin de nous aider à organiser la maisonnée. Il est facile d'imaginer toutes les choses qui s'entassent lorsque deux personnes qui restaient chacune en appartement décident de vivre ensemble dans une nouvelle maison, de terminer leurs études, de fonder une famille... et, j'oubliais, de faire quelques rénovations. *Ouf!*

«L'organisation, ce n'est pas un travail en soi, c'est un mode de vie, une façon de voir ce que nous voulons et des méthodes pour y arriver, un pas à la fois. Merci pour tout, mais surtout pour la méthode suivante: *si nous voulons voir combien de choses nous possédons, par exemple des pantalons, nous les sortons tous du garde-robe. Ce n'est que devant nos yeux que nous voyons vraiment l'amas de pantalons, que nous pouvons alors en faire le tri, conserver seulement ceux qui nous conviennent et qui nous font bien maintenant. Et nous faisons la même chose avec tout ce qui nous entoure.*»

– Lucie

ളു ഗ

«Je suis très contente des services d'organisation offerts par Caroline. J'ai eu un très bon service et je vous la recommande fortement.

«Ce que j'ai apprécié de tes services, Caroline, ce sont entre autres ton professionnalisme, ton écoute, ta générosité et ton enthousiasme. Le tout fait dans la simplicité et le respect. Mon objectif a été atteint: *sauver du temps et simplifier ma vie.* Les leçons que j'ai apprises – faire de la place, laisser un espace vide – permettent à de nouvelles choses d'arriver dans ma vie. Depuis que j'ai pris la décision de désencombrer, d'organiser ou de réorganiser ma maison, je peux dire que plusieurs nouvelles choses sont arrivées.

«J'ai aimé l'analogie que tu as faite: en faisant le désencombrement, si on n'est pas certain de laisser aller un objet ou non, on doit se rappeler qu'en le donnant, on lui permet une deuxième vie. Une autre leçon est qu'il faut rester vigilant après que le désencombrement est fait afin de ne pas retomber dedans. Pas facile!»

— Diane

«Je réalise en ce moment que je suis probablement à l'étape de ma vie la plus occupée. Ayant des enfants impliqués dans les sports de compétition, un mari qui voyage entre deux villes pour son travail, et moi-même démarrant mon entreprise, je me disais que quelque chose devait changer. Comment allais-je y arriver en restant saine d'esprit? Je devais donc être super efficace et mettre mon énergie là où il le fallait. Je devais trouver un équilibre qui me permettrait de gérer famille et carrière avec réussite. Par où commencer?

«Par pur hasard, j'entendis la chronique radio de Caroline Rochon à CJRC. Une organisatrice professionnelle! Quelle idée géniale! En écoutant sa chronique, j'ai tout de suite voulu la contacter. Les trucs qu'elle donnait en ondes se rapprochaient étrangement de ce que j'avais besoin en ce moment même de ma vie. Sa voix souriait de joie et de sympathie. J'ai tout de suite sauté sur le téléphone pour faire un premier contact avec elle. Je n'allais pas attendre une minute de plus! Quand on prend la décision de reprendre sa vie en main ou de faire des changements, on veut souvent que ça se passe tout de suite. J'ai été ravie par la disponibilité de Caroline. Dès son premier appel, j'étais convaincue que travailler avec elle serait agréable!

«Caroline est venue nous visiter à la maison afin de discuter avec nous et voir l'environnement où nous vivions. Elle a facilement pu déterminer le type de personnalité que nous avions, ainsi que la façon dont nous aimions ranger les choses. Elle a aussi rencontré les enfants. Ensemble, nous avons discuté du processus. Par où commencer? *Là où ça fait le plus mal*, me dit-elle. Nous avons donc désencombré les endroits de la maison qui m'étouffaient. J'avais un grand besoin de faire le vide, d'éliminer le matériel. Elle a su repousser mes limites mais toujours avec grand respect.

«Elle a rapidement compris que la gestion du temps avec un horaire travail-famille aussi chargé était primordiale. Elle a été d'une grande générosité à partager ses trucs pour y arriver. Elle y a impliqué les enfants et elle a su m'aider à prioriser. Comme elle le dit souvent: *Dire oui à ceci implique que tu dises non à cela.* Qu'est-ce qui est plus important pour moi? Caroline m'a beaucoup fait réfléchir!

«Dans le monde *haute-vitesse* où nous vivons en ce moment, nous cherchons tous une façon de nous alléger la tâche. Pour certains, ce sera de payer les services d'une femme de ménage; pour d'autres, ce sera le déneigeur, le jardinier, les soupers au resto... Les services professionnels comme ceux de Caroline semblent souvent un luxe. Pensez-y! Ce n'est pas un abonnement hebdomadaire. Vous choisissez le nombre de rencontres que vous voulez... Une rencontre, deux ou plusieurs? Les trucs de Caroline vous suivront pour la vie!

«Je vous recommande fortement de travailler avec Caroline. Elle sait mettre la main à la pâte, elle est super efficace. Elle adapte ses solutions selon votre personnalité. Elle a su aider mon mari à son travail, au niveau de la gestion de son temps devant les multiples tâches, la gestion de ses employés et le nombre infernal de courriels qui entrent chaque jour. Les trucs qu'elle lui a donnés ont été différents de ceux qu'elle m'a donnés. Nous avons des façons différentes de gérer notre environnement. Toute la famille a pu bénéficier des conseils de Caroline. Je suis bien heureuse que les enfants apprennent déjà à s'organiser. En plus, venant de Caroline, le message passe agréablement bien! N'hésitez plus! Le plaisir est au rendez-vous, croyez-moi!»

– Fanny

«Bonjour, je m'appelle Laurane et j'ai onze ans. La semaine dernière, ma maman a reçu la visite de Caroline Rochon, organisatrice professionnelle. Première fois que j'entendais parler de ce métier-là! Elle est venue à la maison pour nous aider à organiser notre sous-sol qui est vraiment la salle commune des quatre personnes de ma famille. Je suis venue écouter ce qu'elle disait à maman.

«Lorsque Caroline s'est rendu compte de ma présence, elle m'a insérée tout de suite dans leur conversation. J'ai trouvé vraiment intéressant tout ce qu'elle donnait comme trucs et astuces pour maximiser l'utilisation de cet espace, tout en respectant les demandes formulées. Maman avait les yeux qui brillaient de joie à plusieurs reprises. Ma maman est organisée, mais elle n'est jamais arrivée à arranger cet espace comme elle le voulait. Elle était donc ravie d'avoir l'aide d'une professionnelle pour avoir une autre vision des choses.

«Après un quart d'heure, c'est devenu comme un jeu. Caroline nous a questionnées sur nos propres effets qui se trouvaient dans le sous-sol. Par exemple, elle m'a demandé combien de toutous j'avais. J'avoue que j'étais un peu gênée de dire que j'en avais 83, mais j'adore ça, que voulez-vous! Elle m'a demandé quel serait le nombre raisonnable que je pourrais garder. J'ai répondu 30. Caroline fut visiblement ravie de ma réponse (et si maman croit que je n'ai pas vu son pouce levé pour féliciter Caroline...). Nous avions tellement de plaisir que mon papa est venu se joindre à nous. Caroline a eu l'occasion de donner de judicieux conseils qui ont vraiment stimulé notre envie à chacun de trouver des solutions pour avoir un bel espace débarrassé du superflu.

«Cela fait une semaine que Caroline est partie et je peux vous assurer que, tous les jours, ma grande sœur de 15 ans à qui j'ai tout raconté, mes parents et moi-même, nous nous activons joyeusement pour rendre notre sous-sol et également notre maison plus agréables encore. Nous avons rassemblé tous les objets en parfait état pour les offrir à l'organisme Les Grands Frères Grandes Sœurs de l'Outaouais. Le bénévole qui est venu avec le camion était très content de recevoir toutes ces boîtes, un bureau, un vélo et bien d'autres choses. Nous nous sentons heureux d'avoir partagé avec d'autres de beaux objets que nous avons aimés. Et comme dit Caroline: *Quand vous videz vos espaces, c'est très libérateur et cela ouvre la porte vers d'autres possibilités...* Nous avons également fait notre part pour l'environnement, puisque plusieurs sacs de vieux papiers sont partis au recyclage.

«Avec l'aide de maman, j'ai arrangé ma chambre selon les principes de sélection expliqués. J'aime vraiment ma chambre à présent, car elle est à l'image de mes passions. Mes revues sont classées proprement dans des classeurs, par abonnement, au lieu d'être un peu partout. Bref, je peux confirmer que j'ai tout compris et que j'ai mis en pratique tout ce que Caroline nous a dit.

« Alors, Caroline, je tiens à te remercier du fond du cœur et je sais que toute ma famille se joint à moi. »

– Laurane

و   ح

« Bonjour Mme Rochon,

« Je vous remercie pour le séminaire que vous avez fait à Statistiques Canada dernièrement. J'ai trouvé l'information très juste et pertinente.

« Plusieurs anecdotes m'ont bien fait sourire. Je suis un cas désespéré d'hémisphère droit. On me dit parfois que mon bureau est une horreur alors que j'offre du service à la clientèle. J'ai déjà tout rangé une fois, mais je suis devenu non fonctionnel. Je sentais un grand vide, je ne savais plus quoi faire et, surtout, je n'arrivais plus à trouver les choses, alors qu'avec mes piles, tel un magicien, je plonge la main et je trouve tout en quelques instants. L'impression d'abondance me nourrit, j'imagine, j'aime créer, et fouiller dans mon désordre m'inspire pour mon travail. Partir de rien me mènerait nulle part. Pour moi, ranger = tabletter, oublier, remettre à plus tard.

« À la maison, je fournis plus d'efforts afin de maintenir un certain ordre, car cela est important pour les enfants. Dans le passé, j'ai beaucoup accumulé, souffrant de *collectionnite aigüe*. Mon excuse, que vous pourriez ajouter à votre liste, était de penser qu'un jour j'aurais assez d'espace pour tout mettre en valeur, alors je n'y voyais pas de mal. Maintenant, je sais que ce ne sera jamais vrai.

«Depuis quelques mois, je me départis de mon surplus, mais ce n'est pas facile. Le plus difficile est de réaliser que j'ai trop de choses. La façon que j'ai trouvée pour réaliser cela est de prendre plaisir avec peu et de me rendre compte que je n'ai pas besoin de plus, alors ce que j'ai en surplus perd de l'intérêt.

«Je cherche à mettre en valeur deux ou trois loisirs que je privilégie, de sorte que je sois motivé à m'y investir en temps, à rendre les objets acquis utiles et appréciables, et ainsi mieux vivre mes passions plutôt qu'apprécier l'abondance des objets. Je partage un exemple avec vous.

«Avec les enfants, j'ai voulu leur faire découvrir plus en profondeur le monde des insectes. J'ai alors utilisé mon côté créatif pour faire un petit coin d'entomologie dans la maison. J'ai épinglé des images sur le mur, j'ai rassemblé des jeux, livres et autres objets décoratifs sur ce thème afin de mettre le petit coin spécial en valeur. Le nombre d'objets est raisonnable, trois ou quatre livres et non une bibliothèque de tout ce qui est publié. Pour des recherches plus poussées, nous irons à la bibliothèque municipale. Le coin n'est pas surchargé et invite à nous y arrêter. Plutôt que de collectionner des insectes, nous prenons des photos, faisons des dessins, prenons des notes et assemblons le tout sur des fiches que nous imprimons pour faire notre petit guide maison. Je vous envoie l'une de ces fiches, c'est amusant, en plus de pouvoir servir comme projet à l'école.

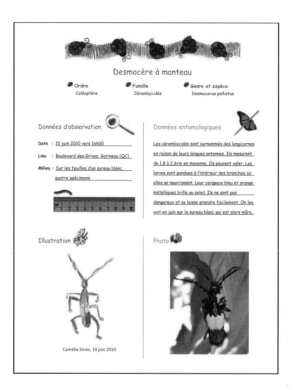

« J'ai trouvé cette expérience extraordinaire et enrichissante, tout en profitant au maximum des biens acquis sans en désirer des tonnes. Une personne qui déteste les insectes a trouvé le coin tout de même invitant et m'a félicité pour la mise en valeur du sujet.

« L'impulsivité nous titille tout de même régulièrement dans cette société de (sur)consommation. Par exemple, dernièrement il y avait une vente d'insectes en s'abonnant à un magazine (vous avez sûrement vu la publicité à la télé ou dans des magazines). C'était tentant évidemment, mais j'ai les outils maintenant pour me rendre compte qu'à long terme ces insectes se seraient perdus dans des tiroirs et que, même avant la fin des envois des insectes, un autre produit nous aurait tenté et fait oublier celui-là. Alors j'ai laissé faire. J'essaie de réfléchir à la véritable utilité d'un bien avant de l'acquérir. Les petites folies doivent être espacées et raisonnables, comme pour le chocolat!

«Encore merci de votre soutien grâce à vos témoignages et astuces pour désencombrer nos vies.

«Cordialement,»

– Mike

~ ~

«Je me sentais fatiguée et j'avais l'impression que je négligeais certains aspects de ma vie. J'ai assisté à l'atelier de ressourcement pour femmes *Transformer sa vie* et là j'ai été accompagnée par Caroline Rochon, organisatrice professionnelle et propriétaire de *À la Carte, Services d'organisation,* et par Carole Thériault, coach personnelle et professionnelle. Cet atelier m'a permis de reprendre ma vie en main, de mieux me connaître, et de comprendre des façons d'affronter les obstacles qui m'empêchent d'avancer, de réaliser mes objectifs et mes rêves.

«J'ai appris qu'il est important de faire du ménage, de ne garder que l'essentiel afin d'éviter d'acheter en double des articles que nous possédons déjà et que nous ignorons où ils se trouvent. Mettre de l'ordre dans nos affaires nous permet d'obtenir plus d'espace de rangement, de passer moins de temps à l'entretien ménager pour ainsi avoir plus de temps pour nous.

«J'ai utilisé un truc que Caroline nous a donné. Mon mari et moi avions, dans une boîte de rangement, tous nos trophées d'enfance gagnés à l'école, dans différentss sports et des activités. J'ai réalisé que cela prenait de la place de rangement au sous-sol et que le fait de les garder dans une boîte ne servait pas à grand-chose, puisque plus personne ne les voyait. La raison pour laquelle ils se sont retrouvés dans une boîte est d'abord que j'en avais assez de les épousseter et que cela prenait beaucoup d'espace dans mon meuble. Alors, le truc de Caroline? Comme ce sont des souvenirs que nous chérissons, nous les avons installés sur une table et les avons photographiés. Ainsi, nous gardons encore le souvenir de ces trophées, mais dans un album. Ces fameux trophées, encore en bon état, nous les avons remis à une organisation qui les recyclera. Lorsque nous décidons de mettre des choses en boîtes, nous nous posons maintenant la question : *Pourquoi les gardons-nous? Est-ce qu'une photo souvenir suffirait?*

«Je gardais aussi des objets que mon fils aimait quand il était enfant. Caroline m'a demandé le pourquoi. Je lui ai répondu : «Ce sont des souvenirs que je remettrai plus tard à mon fils.» C'est là qu'elle m'a fait réaliser : «Mais est-ce que ton fils les veut?» *Ah?!* Eh bien, je suis allée lui demander et il ne voulait garder que quelques articles. Nous nous sommes donc débarrassés de plusieurs d'entre eux... encore de l'espace gagné!

«*Ah, les ados!* Ouais, j'avais de la misère à gérer le ménage de la chambre de mon fils. J'ai appris à lâcher prise avec le ménage/désencombrement de sa chambre. Au lieu de m'attendre qu'il rencontre mes exigences au niveau du ménage... je me suis adaptée, j'ai négocié avec lui un ménage qui nous convenait à tous les deux. Au fond, ce que je désire, c'est de ne pas voir un lit en désordre et des choses traîner sur le plancher. Le linge n'est pas bien plié et serré dans ses tiroirs? Ce n'est pas grave, car la visite ne fouille pas dans ses tiroirs, et c'est mon ado qui se retrouve avec du linge fripé. Son lit n'est pas fait comme je le voudrais? Mais au moins, on ne voit pas les draps. J'ai mis un panier dans sa chambre pour son linge sale. Le couvert n'est pas fermé, mais il prend le temps d'y déposer son linge au lieu de le laisser tomber sur le plancher.

«Avec les conseils de la belle Caroline, j'ai appris à focaliser sur mes objectifs de vie et mes rêves. Pour que ceux-ci soient réalisables, je n'ai qu'à pratiquer les principes de la loi de l'attraction. J'ai le droit à une vie plus harmonieuse et les solutions sont en moi. Il suffit de déceler mes peurs et mes blocages, de déterminer mes priorités et mes valeurs, d'être motivée et prête aux changements. Je mets mon focus sur mes prochains objectifs!»

– Julie

«À titre de cliente de madame Rochon, je collabore avec elle depuis le mois de septembre 2009. Ayant récemment appris qu'elle était candidate au prix de Femme d'affaires de l'année, je vous écris la présente lettre pour soutenir sa nomination.

«Selon moi, madame Rochon mérite tout à fait ce genre de prix. Avant de communiquer avec elle, j'étais hésitante à embaucher une organisatrice professionnelle. Je me demandais si j'allais obtenir les résultats que je cherchais, et le fait de laisser une étrangère pénétrer chez moi m'inquiétait. Lors de mes recherches de la personne adéquate, je suis tombée sur le site Web de madame Rochon, un site attrayant, bilingue et facile à comprendre. Lorsque j'ai communiqué avec elle, je l'ai trouvée très professionnelle, mais également très chaleureuse et bien de sa personne. Nous avons donc amorcé une relation de travail qui s'est avérée très fructueuse pour moi.

«Le professionnalisme de madame Rochon est à toute épreuve. Toujours extrêmement bien préparée pour toutes nos séances, elle prend le temps de s'assurer que nous travaillons sur des sujets importants pour moi, qui ont donc de meilleures chances de mener à de bons résultats. Bien qu'elle connaisse parfaitement son domaine, elle est très ouverte aux nouvelles idées et aux suggestions. Elle est activement impliquée à divers niveaux de l'organisation, de la relation personnelle avec les clients, concernant les contrats avec de plus grandes organisations, en passant par la diffusion de connaissances grâce à des prestations dans les médias. Elle m'apparaît réellement passionnée pour son travail et elle prend très à cœur les transformations personnelles par lesquelles passent ses clients. Elle gère efficacement son temps et collabore avec ses clients afin d'obtenir d'excellents résultats en un temps étonnamment court. Discrète, respectueuse et empathique, elle comprend les conflits émotionnels que ses clients vivent par rapport à leurs biens.

«Ma collaboration avec madame Rochon a été un plaisir constant. Je suis toujours enthousiaste à l'approche de nos séances de travail, et j'ai obtenu davantage de résultats en quelques mois que ce que je n'avais jamais osé imaginer avant d'entreprendre le projet d'organiser ma maison. Non seulement madame Rochon m'a transmis des connaissances, aussi bien théoriques que personnelles, mais son attitude positive m'a poussée à aller de l'avant, même entre nos séances. J'apprécie au plus haut point son approche organisée et professionnelle de nos rencontres et j'admire son engagement envers son travail. Sa concentration et sa passion pour les valeurs clés de sa profession sont un modèle d'intégrité de vie. Je la recommande sans hésiter à quiconque recherche les services d'une organisatrice professionnelle et je soutiens de tout cœur sa candidature au prix de Femme d'affaires de l'année.»

– Lisa

«Bonjour, je me présente, Paul, et j'ai 19 ans. Je me rappelle la première fois que j'ai entendu parler de Caroline Rochon. Je cherchais une personne professionnelle en organisation pour faire du ménage dans ma vie. J'ai fait des recherches sur Google et j'ai trouvé le site Internet de Caroline. Si je me rappelle bien, c'est en septembre 2008 que nous avons pris rendez-vous la première fois. Je venais de commencer un gros changement dans ma vie et ce n'était pas évident. En effet, je voulais prioriser mes études et mon bien-être. C'est pour cela que j'avais quitté ma bande d'amis et la drogue. Je me souviens d'avoir raconté toute mon histoire à Caroline dans le sous-sol de mes parents. Elle était surprise du changement radical que j'avais fait en si peu de temps. Quitter cette vie n'a pas été facile et j'ai beaucoup souffert, mais à long terme cela a été plus bénéfique pour moi. De plus, je venais d'avoir un diagnostic de trouble déficitaire de l'attention et j'étais sous médication. J'ai souvent voulu abandonner, mais grâce à ma persévérance, à ma famille et à Caroline, je ne l'ai pas fait.

«Alors, pour débuter, Caroline m'a montré des stratégies d'apprentissage pour mieux étudier et faire mes devoirs. De plus, elle m'a suggéré des conseils pour organiser ma chambre de meilleure façon. En plus, avec son aide, on a bâti un horaire hebdomadaire avec mes temps d'étude, de travail et de loisir, qu'on a inséré dans un nouvel agenda très organisé. Suivre cet horaire a été difficile, mais avec le support de mes parents et de Caroline, cela a été plus évident. Aussi, elle m'a outillé avec plusieurs idées pour ajouter davantage de positif dans ma vie. Par exemple, un tableau de visualisation positive, les moments «carotte» (se gâter) et des conseils pour diminuer les énergies négatives. Nous avons beaucoup travaillé ensemble et, après quelques mois, j'ai décidé de continuer par moi-même.

«Depuis ce temps, nous nous voyons moins souvent, mais nous nous rencontrons, de temps en temps, pour discuter. J'ai eu également besoin de son aide quelques fois pour trouver un emploi dans mon domaine d'étude et des conseils pour des travaux d'équipe. De plus, aujourd'hui, j'ai réussi ma vie à 100%. Effectivement, je viens de finir ma première année en technique d'éducation spécialisée. Mes amis et mes professeurs trouvent que je suis très organisé et brillant. Je suis très fier de moi et heureux dans ma vie.

«Bref, Caroline est maintenant une très bonne amie. Son aide a été extraordinaire et bienfaisante. En définitive, je continue d'évoluer et de changer pour être le plus heureux possible.»

– Paul

❧ ❧

«J'ai eu la chance de repenser mon espace de travail au complet avec Caroline. Quelle belle expérience ce fut pour moi! Mon bureau était loin d'être fonctionnel avant et je m'en servais même un peu comme espace de rangement pour des choses que Caroline m'a aidée à relocaliser. Son système m'a forcée à être rigoureuse dans ma démarche et, sans elle, je serais sûrement encore en train de me demander où placer certains objets pour qu'ils soient accessibles au bon moment! Elle utilise l'espace d'une manière logique et elle est vraiment à l'écoute des besoins de ses clients.

«Depuis un moment, j'entassais les choses un peu partout dans mon bureau sans me poser de questions. Est-ce que c'est bien là que ça devrait aller? Est-ce que je garde cet objet par habitude ou si j'en ai besoin? Pourquoi je cherche toujours? Après quelques heures avec Caroline, non seulement j'ai gagné de l'espace physique, mais j'en ai aussi gagné dans mon esprit pour pouvoir créer plus librement. Je trouve mes dossiers et mes outils rapidement et j'éprouve une grande satisfaction en regardant mon organisation physique maintenant. Je ne ressens plus du tout l'impression de lourdeur en entrant dans mon bureau pour travailler.

«J'ai énormément appris en faisant ce grand ménage avec Caroline et elle m'a permis de faire cette démarche sans rien brusquer, en faisant preuve de simplicité et d'un grand respect. J'ai tellement appris que j'ai continué l'opération dans d'autres pièces de la maison! Chaque chose a sa place ou une nouvelle vie. Vive les étiquettes et l'organisation fonctionnelle!»

– Linda

ORGANISATION N'EST PAS SYNONYME DE PERFECTION

Non, organisation n'est pas synonyme de perfection (même si certains le pensent). Il s'agit de faire de son mieux et d'avoir le réflexe, lorsque le désordre semble s'installer, de prendre un temps de recul pour se réajuster. En fait, une fois qu'on est organisé à la base, il est plus facile et moins décourageant, si on traîne, de se ramasser, car tout a sa place et on a un système pour répondre à ses besoins. Alors, au lieu de prendre quatre heures pour tout ranger, on ne prend qu'une vingtaine de minutes.

Ceux qui remettent toujours au lendemain leurs projets d'organisation visent peut-être la perfection, pensant qu'il ne sert à rien de commencer puisque ce ne sera pas parfait. Donc, ils ne font rien. Il faut arrêter de rechercher la perfection, l'important est de commencer et de progresser. S'il y a progression, il y a amélioration, et l'amélioration est déjà mieux que rien.

Alors, même si dans mon propre salon, il y a présentement de petites piles ici et là, je peux me considérer authentique dans mon message et ma mission qui sont d'aider les gens à affronter leur désordre, leurs blocages, et les aider à simplifier leur vie et leur quotidien. Ceux qui me jugent sont peut-être des cerveaux à hémisphère gauche dominant...

Souvent, les gens (moi inclus) font toujours les mêmes choses, ont les mêmes habitudes ou les mêmes comportements en pensant qu'un jour le résultat sera différent. Si c'est un défi pour vous aussi de rester organisé, prenez du recul et dites-vous, par exemple: «Si je n'accroche jamais mon manteau dans le garde-robe du vestibule lorsque j'arrive à la maison, qu'est-ce que je peux changer?» Est-ce parce que je suis paresseuse si je lance mon manteau sur la chaise, sur la rampe d'escalier au lieu d'ouvrir la porte du garde-robe? J'ai découvert que non, c'est juste que les façons habituelles de faire les choses ne correspondent pas à mon style naturel. J'ai pris un temps d'arrêt et du recul pour déterminer quels articles méritent de s'y trouver.

Dans ce rangement, nous avons besoin d'espace pour combien de manteaux (et qui sont généralement de telles longueurs), nous avons besoin d'espace aussi pour nos souliers et nos bottes, les casquettes de mon conjoint, les articles de promenade du chien, un endroit pour nos bacs de rangement portatifs. Alors, une fois les critères identifiés, j'ai conçu un design (que mon mari a si gentiment exécuté) qui répondrait à nos besoins. J'ai enlevé les portes du garde-robe et Craig a fabriqué des tablettes en pin teintes de différentes grandeurs et à espacements variés afin que nous puissions y ranger tout ce dont nous avons besoin. Le résultat est original, mais ne fait pas l'unanimité de nos visiteurs: «Ben voyons, Caroline, ça ne se fait pas d'avoir votre garde-robe à la vue, de ne pas avoir de porte.» Mais, vous savez, depuis que j'ai apporté ce changement, mon manteau est presque toujours accroché. Et au fond, qui vit dans cette maison 365 jours par année?

Peut-être que cette option est trop importante pour vous, mais prendre le recul nécessaire pour voir si vous ne pouvez pas faire les choses différemment en vaut la peine. Peut-être un crochet ici et là, peut-être une patère ou un porte-manteau. Pensez hors des sentiers battus. Si ce n'est pas une réussite parfaite du premier coup, réajustez-vous. Comme on dit, il n'y a que les fous qui ne changent pas d'idée.

5.
Les leçons
de vie

**LEÇONS DE VIE QUE LE DÉSENCOMBREMENT
ET L'ORGANISATION M'ONT APPORTÉES**

◆ *Épurer fait de la place
pour du nouveau*

Un trop plein dans son espace et dans sa vie empêche des choses nouvelles et positives d'y entrer. Alors, faites comme moi, créez de la place. Allez-y!

◆ *Cela m'a donné de l'espoir*

Quand on commence à faire son ménage, à organiser quelques petites choses ici et là et que le résultat est positif, un senti-

ment de bien-être s'installe, et lorsqu'on pense qu'on voit tout
en noir, désencombrer permet de créer de la lumière dans sa vie.

◆ Cela m'a permis d'apprécier
le moment présent

Le processus d'épurer m'a permis de regarder mes objets
d'un œil différent. Au lieu de vivre dans le passé (objets souvenirs) et le futur (objets au cas où), j'ai appris à apprécier le
moment présent. Je viens d'une famille où prendre des photos
est très important. Alors, partir en voyage sans appareil photo
est un non-sens pour moi. Lors d'un de mes voyages, j'ai oublié
les piles dans le chargeur à la maison (pas trop organisée, la
fille!). J'étais donc très déçue et je songeais à devoir perdre une
bonne partie de mon temps à courir les magasins dans un pays
étranger à la recherche des piles adéquates pour être en mesure
de capter en photos les moments mémorables de mon voyage. Il
m'est venu à l'esprit: *Ce serait quoi pour toi, Caroline,*
d'apprécier le moment présent? Je me suis mise au défi de laisser tomber les piles et les photos et d'apprécier le temps précieux que je vivais en compagnie de mon cher Craig. Lorsque
nous marchions sur la plage, j'ai eu le regret de ne pas avoir
d'appareil pour photographier ce magnifique paysage. Alors,
ma main dans celle de Craig, je lui ai dit de créer une image
mentale de cette merveilleuse scène et nous avons pris une
bonne et grande respiration. Aujourd'hui, même après toutes
ces années, si je ferme les yeux, j'ai une photo mentale de ce
moment-là et, encore mieux, je peux ressentir mes pieds nus
dans le sable, les vagues qui se bercent, la chaleur du soleil sur
mon corps, le vent dans mes cheveux et la présence de mon
amoureux à mes côtés. Cette photo-là, je peux me la remémorer
où je veux et quand je veux.

◆ *Je suis plus souvent dans l'*être *que dans l'*avoir

Un peu comme dans le paragraphe précédent, quand on apprend à délaisser l'importance de posséder des choses, on se tourne vers l'«être» plutôt que l'«avoir». On apprend à moins dépenser pour des choses inutiles et futiles et on apprécie davantage les petits plaisirs de la vie : les oiseaux qui chantent, les fleurs, la personne avec qui on est en ce moment même, le silence, mon chien qui rêve, etc.

◆ *Cela m'a permis d'accepter mon poids et mon apparence*

Durant le processus, j'ai appris à m'aimer pour qui je suis. J'ai accepté qui j'étais à l'intérieur et ensuite j'ai pu accepter mon apparence extérieure. Depuis que je me sens connectée avec la personne que je suis et que ma vie a un sens profond, c'est comme si je me sentais briller de l'intérieur vers l'extérieur. Je me sens belle et même sexy parce que j'aime la vie.

En se départissant des vêtements qui ne tombent pas dans l'une des catégories suivantes : *j'aime, j'adore* ou *je me sens belle*, il est beaucoup plus facile de s'habiller, car peu importe ce qu'on choisit sur l'un des cintres, on sait que le vêtement nous avantage et on se sent bien. Peu à peu, la confiance et les sentiments positifs s'installent. Le fait aussi de se situer plus dans l'«être» que dans le «paraître» aide aussi beaucoup.

♦ *Lâcher prise, comprendre*
que tout n'est pas un drame
ou que ça doit en devenir un

Apprendre le lâcher-prise devant un objet est un très bon exercice, car il nous montre aussi, à la longue, à lâcher prise sur des situations ou des événements.

J'ai appris que le pouvoir que j'avais de dire *bye-bye* à un objet pouvait aussi être applicable à des choses qui me sont arrivées dans le passé. Pourquoi traîner avec moi des émotions et des sentiments négatifs? Les faits sont accomplis et je n'ai plus de pouvoir sur le passé, mais seulement sur le présent. Alors je choisis de lâcher prise. *Ouah,* quel sentiment de fierté et de pouvoir quand on réussit! Lorsque je suis parvenue à maîtriser cet aspect, je me suis demandé: *Est-ce que je peux maintenant appliquer le lâcher-prise au futur? Pourquoi m'inquiéter sans cesse de choses que je ne contrôle pas? Pourquoi dépenser mon énergie pour rien?* Par exemple, le temps qu'il fera, ce que les autres pensent ou font, tous les scénarios que nous avons tendance à imaginer. Lâcher prise sur les objets, sur le passé et sur le futur incontrôlable m'a permis de devenir beaucoup plus zen. Quelle merveilleuse sensation!

♦ *Arrêter de tout contrôler,*
comme mon environnement
et les personnes autour de moi

Puisque je viens d'une famille (immédiate et rapprochée) de *Germaine* – personne qui gère et qui mène –, j'étais, moi aussi, une vraie Germaine. Pauvre mari, je suis chanceuse qu'il ait été aussi patient. «Craig, voyons, c'est pas comme ça qu'on fait bouillir de l'eau.» Vous voyez le genre...

Alors, le processus de désencombrer et de comprendre comment mon cerveau fonctionne m'a permis d'être plus relaxe, plus *chill* comme mes nièces aiment si bien dire. Si ma façon de m'organiser et de penser diffère de celle des autres et que je veux être respectée en cela, eh bien, il est aussi important pour moi d'accepter que les autres personnes puissent faire et agir différemment de moi. MA façon n'est pas LA seule façon. Quelle prise de conscience! Alors, peu à peu, j'ai laissé mon mari prendre des décisions ou faire les choses à sa manière. Ce n'était pas toujours évident, bien sûr. Au début, je disais à Craig de prendre lui-même une décision et je le laissais agir à sa manière, mais parfois il était difficile de chasser le naturel, et j'étais incapable de retenir mes réactions, je critiquais. Et Craig de répliquer: «*Pourquoi me laisses-tu prendre la décision si tu critiques?*» Mais j'ai persévéré et, avec le temps, je dois dire (et mon mari peut le confirmer) que je me suis de beaucoup améliorée .

♦ *J'ai aussi appris à appliquer*
le principe de ne pas tout contrôler,
même avec les étrangers

Combien de fois ai-je vécu des situations, au restaurant, dans l'autobus ou en famille, où je sais que si je prenais le contrôle, tout irait pour le mieux. Mais j'ai compris que, parfois, ce n'est pas mon rôle d'intervenir. Peut-être que la situation se présente de cette manière pour d'autres raisons, soit qu'il y a une personne qui doit apprendre une leçon, soit que c'est à un autre d'apprendre à se débrouiller seul. Peut-être que la situation n'a pas besoin d'être «contrôlée», c'est peut-être juste moi qui pense qu'elle devrait l'être. Maintenant, quand je fais face à une situation où mon naturel de vouloir contrôler refait surface, je me pose ces questions: *Est-ce à moi d'intervenir? Est-ce qu'il y une situation de danger? Quel serait le pire scénario si je ne faisais rien? Est-ce ma responsabilité de prendre la situation en main?* Et, plus souvent qu'autrement, je n'interviens pas. Depuis que je m'applique à ne plus essayer de tout contrôler, j'ai de merveilleuses surprises. Certaines personnes prennent des initiatives, d'autres se dépassent, certaines situations sont plus calmes parce que personne ne sent que quelqu'un essaie de leur dire quoi faire et comment agir. De plus, essayer de moins contrôler les résultats laisse la place aux synchronismes de la vie.

◆ Devenir égoïste m'a permis d'aider et d'aimer plus de gens

Comme je l'écrivais plus tôt, apprendre à prendre soin de moi, mais aussi à prendre le temps de prendre soin de moi a été un apprentissage difficile. Mais quand je m'occupe de moi et de mes besoins, je suis plus en forme à tous points de vue pour donner le meilleur de moi-même.

◆ Ce qui traîne draine

Qu'on le veuille ou non, qu'on le voie ou non, le désordre et les choses qui traînent finissent par drainer notre énergie. Et par le mot «traîner», je ne parle pas seulement des vêtements qui sont laissés par terre, mais aussi de choses qui ne progressent pas, qui s'éternisent, comme des projets non complétés, des relations qui stagnent, etc.

Apprendre à reconnaître ce qui me draine et à rectifier la situation, soit en éliminant la source ou en changeant mon attitude par rapport à cette situation, m'a permis d'être beaucoup plus en harmonie et d'avoir plus d'énergie pour les choses importantes dans ma vie.

◆ *J'ai du pouvoir*
sur ce que je peux contrôler

Le sentiment d'impuissance est terrible à vivre, mais prendre conscience que j'avais le plein pouvoir sur certaines choses m'a donné une détermination et une force que j'ignorais posséder. J'ai réalisé que je ne suis pas impuissante dans la majorité des cas, car j'ai le contrôle sur comment je me sens, sur comment je perçois les choses, et qu'en changeant mon attitude, je suis dans une position de pouvoir qui modifie complètement la dynamique.

◆ *Je prends la responsabilité*
de mon bonheur

Comprendre que chacun de nous a le pouvoir de changer sa situation m'a permis de sortir de mon rôle de victime et de prendre mes responsabilités face à moi-même, à mon désordre et surtout à mon bonheur. Finis les jours à blâmer les autres, à blâmer mon passé, à blâmer ma situation financière, etc. Je suis responsable de tout ce qui m'arrive, les bonnes choses comme les mauvaises.

◆ *Le désordre,*
c'est des décisions reportées

Certaines choses traînent parce que j'ai de la difficulté à prendre des décisions. Avoir conscience de ce problème me permet de prendre du recul et m'amène à me poser des questions que j'essayais d'ignorer jusqu'à maintenant (consciemment ou non). Par exemple: *Pourquoi ce manteau de cuir que je ne porte plus traîne encore dans mon garde-robe?* Je dois m'arrêter et me poser la question. Est-ce que je veux le donner à quelqu'un que je connais? Est-ce que je veux l'apporter dans un magasin de consignation? Est-ce que je préfère ne pas me compliquer la vie et simplement le donner à une œuvre de bienfaisance?

Prendre des décisions et agir en conséquence vous mènera loin dans l'élimination de votre désordre.

◆ La loi de Pareto s'applique à plusieurs domaines de la vie

Voici la définition selon Wikipédia: *La loi de Pareto, aussi appelée loi des 80/20, est une loi empirique inspirée par les observations de Vilfredo Pareto, économiste et sociologue italien: environ 80% des effets sont le produit de 20% des causes.*

Quand il s'agit d'organisation, on utilise beaucoup cette loi pour faire comprendre bien des situations, ce qui a été pour moi très bénéfique pour éliminer beaucoup de choses. Voici quelques exemples:

- *Vêtements.* 80% du temps on ne porte que 20% de nos vêtements. Comme c'est vrai, on a toujours tendance à choisir les mêmes. Alors appliquer ce principe avec des chiffres peut devenir très révélateur.

Nombre de morceaux de vêtements	80% du temps on porte	Nombre de morceaux qui collectionne de la poussière
100 morceaux	20 morceaux	80 morceaux
300 morceaux	60 morceaux	240 morceaux
500 morceaux	100 morceaux	400 morceaux
1000 morceaux	200 morceaux	800 morceaux

Imaginez l'espace que vous perdez pour des vêtements que vous ne portez que rarement ou jamais.

- *Papiers.* Seulement 20% des papiers/documents que vous classez ou que vous gardez seront consultés. Par conséquent, 80% de cette paperasse ne sera jamais regardée ou consultée de nouveau. Pensez-y bien s'il est vraiment nécessaire de tout garder. Est-ce que je peux retrouver cette information ailleurs? Est-ce que c'est ma responsabilité d'être le gardien de cette information? Quel serait le pire scénario si je ne gardais pas tel papier?

- *Temps.* 80% de la tâche sera effectuée en 20% du temps, le dernier 20% de la tâche prendra 80% de votre temps. Cette notion m'a beaucoup aidée à lâcher prise sur la perfection. Je réalisais que le dernier 20% de la tâche que j'essayais de peaufiner, d'ajuster, de modifier et de réviser n'en finissait plus. J'ai appris à déterminer quand la «perfection» avait atteint sa limite.

◆ *Organisation*
ne veut pas dire perfection

Dans le passé, l'organisation était pour moi synonyme de perfection. Je feuilletais les magazines qui nous montraient des garde-manger ordonnés avec toutes les boîtes de conserve classées et alignées presque par ordre alphabétique, des salles de lavage où aucun vêtement ne traînait par terre, des chambres à coucher où pas un seul drap ne dépassait de sous la couette du lit... vous comprenez ce que je veux dire. Cela ne m'encourageait pas trop à vouloir mettre de l'ordre, car dans ma tête je savais que je ne serais pas à la hauteur. Mais quand j'ai pris la décision de ranger et de désencombrer ma maison, j'ai réalisé, dans ce processus, qu'être organisée ne voulait pas dire être parfaite et que c'était bien ainsi.

◆ Il y a une différence
entre traîner et organiser

Être organisée pour moi, c'est être en mesure de trouver ce dont j'ai besoin quand j'en ai besoin, sans fouiller plus d'une minute. C'est aussi me sentir fonctionnelle, être efficace autant dans mes déplacements, mes mouvements que dans mon temps. C'est savoir ce que contient ma maison, d'en connaître l'inventaire.

Je suis traîneuse, je l'avoue, mais je suis organisée. Je suis une fille à plusieurs projets. J'entre et je sors de mon bureau et de la maison parfois plusieurs fois par jour. Je laisse tomber un sac à l'entrée pour en prendre un nouveau. Je change également parfois de vêtements (je laisse mon pantalon sur ma chaise sans le ranger à sa place), et de souliers dans le but de me rendre à un prochain rendez-vous. De temps à autre, ou souvent selon certaines périodes de l'année, je traîne beaucoup. Cependant, la situation ne dure pas, et si elle dure pour une quelconque raison, cela ne me décourage plus. Je sais que lorsque je vais prendre le temps de ranger chaque chose à sa place, le temps requis pour «faire ma chambre» ou «faire mon bureau» ne sera pas tellement long.

◆ Porter un regard plus objectif
sur mes objets m'a permis
d'évaluer ce qui est vraiment important

Quand j'ai décidé de toucher chaque objet dans ma maison et de questionner sa valeur, son utilité et sa raison d'être, cet exercice m'a forcée à redécouvrir ce qui était vraiment important. À un certain moment, quand on considère que tous les objets sont importants, c'est qu'on les place tous au même niveau et on banalise leur importance. Au fond, il n'y a plus rien de vraiment important. Il faut apprendre à évaluer un objet par rapport à un autre. Il faut apprendre à reconnaître les perles dans nos objets, car si on garde tout, on en déprécie la valeur. Je fais souvent l'exercice suivant avec mes clients ou participants d'atelier. En trente secondes, écrivez cinq objets que vous sauveriez de votre maison en flammes, peu importe leur grosseur ou leur poids, sachant que vos proches et vos animaux sont sains et saufs.

Allez-y, faites l'exercice, vous aussi!

1. _____

2. _____

3. _____

4. _____

5. _____

Les réponses des gens sont assez surprenantes et il est rare qu'ils écrivent cinq objets. Êtes-vous comme la plupart de mes clients? Le genre de réponse est également étonnant.

Alors, pourquoi garder vingt-cinq babioles quand il y en a juste une ou deux qui ont vraiment de l'importance. Ces deux objets perdent de la valeur à être entourés de trop de choses, on ne les voit plus. Apprenez à mettre en valeur ceux qui ont de l'importance pour vous.

◆ *Faire confiance*
à la vie

Me départir de plusieurs objets m'a permis de faire confiance à l'univers, ou à la vie, qui mettra sur mon chemin ce dont j'ai besoin. On garde souvent trop d'objets par insécurité, on craint ce que l'avenir peut nous apporter ou nous enlever, alors on garde «au cas où». Il m'est arrivé à quelques reprises d'avoir donné des objets et d'en avoir eu besoin peu de temps après. Mais la vie m'a enseigné qu'elle s'occupait de moi. Un jour, en préparant mon déménagement, je suis tombée sur un ensemble de bols à pâte. Il était encore dans sa boîte puisque j'en possédais déjà un autre. Alors je me suis dit que je le donnerais pour ne pas avoir à le déménager. Quelques mois plus tard, des bols se sont brisés dans mon lave-vaisselle. Bien sûr, ma réaction première a été de dire: *J'aurais donc dû garder l'autre ensemble.* Mais voilà que quelques jours après, je célébrais mon anniversaire. En déballant des cadeaux, quelle surprise lorsque j'ai aperçu un ensemble de bols à pâte, moi qui n'avais pas mentionné au préalable que j'avais brisé les miens! À plusieurs occasions, j'ai pu expérimenter ce même genre de scénario.

♦ *Ne pas se tracasser à vouloir contrôler à qui vont nos objets*

Quand on veut donner quelque chose qui nous appartient, parfois il n'est pas nécessaire de lui trouver un bénéficiaire. Avez-vous déjà été le récipiendaire d'un article qu'une personne ne voulait plus? Comment avez-vous réagi? Vous êtes-vous senti pris avec l'objet de peur de causer de la peine ? Vous êtes-vous dit: *Qu'est-ce que je vais faire avec ça?* À moins d'être certain à 100% que la personne désire quelque chose, de grâce, ne lui imposez pas ce que vous ne voulez plus. Si vous n'êtes pas certain, appelez-la ou écrivez-lui en indiquant dès le départ que la personne a le choix de dire non et que vous n'en serez pas offensé. Ma devise est: *Laissez dans les mains de l'univers la responsabilité de trouver à qui l'objet devrait aller.* Je dis toujours qu'en ne forçant pas les choses, l'objet va tomber dans les mains de la personne qui en a le plus besoin.

◆ *S'organiser, ça s'apprend*

Si être organisé n'est pas une compétence avec laquelle vous êtes né, c'est quelque chose que vous pouvez apprendre.

La faculté de l'organisation est associée à l'hémisphère gauche du cerveau. Et tout comme on apprend à compter, s'organiser s'apprend aussi. Vouloir, c'est pouvoir. Avec des trucs et des outils qui correspondent à votre style naturel d'organisation, il est possible d'y arriver. Pour ma part, j'ai réussi, et c'est pour cette raison que je me suis lancée dans ce domaine. Si je suis parvenue à apprendre, vous aussi le pouvez. Allez-y graduellement mais sûrement, ne visez pas la perfection, visez simplement la progression.

◆ *Moins en avoir*
pour moins en gérer

Ah, que j'aime cette phrase… Étant une personne qui n'aime pas faire du ménage, cette citation est pleine de gros bon sens. J'haïs faire l'époussetage, vous ne pouvez pas imaginer. Alors durant ma période où je désencombrais ma maison, lors de l'époussetage d'un bibelot par exemple, eh bien je me disais : *Est-ce que la balance penche plus du côté du plaisir que je retire à t'admirer ou du côté de l'exaspération à te dépoussiérer?* Quand la réponse était que je préférais me départir de l'objet plutôt que de l'épousseter, il se retrouvait dans la boîte de choses à donner. Plus on a d'objets dans la maison ou dans la vie, plus la gestion devient lourde. C'est une question de mathématiques : si nous avons une centaine d'objets à entretenir, moins nous avons de temps pour faire les choses qui nous tiennent vraiment à cœur.

Faire des choix veut dire que si on dit oui à quelque chose ou à quelqu'un, systématiquement on dit non à autre chose. Et l'inverse est aussi vrai: quand on dit non à quelque chose ou à quelqu'un, on dit oui à autre chose.

◆ *Le désordre est une perte*
de temps et d'argent

On n'a jamais le temps de s'organiser mais on a toujours le temps de fouiller et de chercher. Et quand on ne trouve pas, que c'est trop compliqué ou qu'on a oublié son inventaire, c'est juste plus facile d'aller au magasin et de se procurer un autre article. Dans cette génération où tout est accessible et abordable, il n'a jamais été aussi facile de baisser les bras devant son manque d'ordre. Pourquoi investirais-je un week-end à organiser l'atelier de bricolage quand je n'ai qu'à me présenter au magasin pour obtenir ce dont j'ai besoin en quelques minutes?

Par contre, tout cela finit par nous rattraper à la longue. Il y a certaines choses qui ne sont pas facilement remplaçables, par exemple notre passeport, certains permis, des notes scolaires, des modes d'emploi, les recettes de notre arrière-grand-mère, nos dates de vaccins ou celles de nos enfants. Perdre des journées entières à chercher n'est pas agréable. Cela peut même être très stressant et aller jusqu'à créer des conflits.

Je pense qu'en général 90% de mes clients trouvent de l'argent lorsqu'ils désencombrent leur maison. On trouve parfois des chèques de plusieurs centaines de dollars, voire même de quelques milliers de dollars. Des chèques qui, dans la plupart des cas, sont périmés. Même chose pour des chèques-cadeaux, tous périmés aussi. Lorsque je travaille avec mes clients dans leur cuisine, il y a parfois tellement de nourriture que, lorsqu'on commence à faire le tri, on réalise rapidement que beaucoup d'aliments sont périmés.

Quand il y en a trop, on ne voit plus rien et on oublie ce qu'on possède déjà. Quand j'ai réduit de beaucoup mes effets personnels, j'ai vite réalisé que j'avais un meilleur contrôle. Je sais maintenant ce que j'ai et ce que je n'ai pas, ce que j'ai besoin d'acheter ou non. Et je sais aussi où tout se trouve, alors je ne perds pas beaucoup d'argent ni de temps. C'est génial!

◆ *Le désordre nuit à la créativité et au focus*

Le désordre est souvent le reflet de ce qui se passe dans notre tête. Lorsque les choses ne semblent pas bien tourner autour de nous ou que nous manquons de concentration, il n'est pas surprenant qu'un peu de ménage s'impose. Quand j'arrive à un point où je traîne trop ou que je semble avoir perdu le contrôle, un temps d'arrêt pour remettre de l'ordre dans mon environnement fait des miracles sur ma créativité et sur mon habileté à me concentrer sur mes projets. Je suis presque automatiquement plus créative, je trouve des solutions qui ne semblaient pas venir à moi. Je biffe, avec une rapidité incroyable, des tâches à faire sur ma liste. Comme je le mentionne souvent, faire de l'espace autour de soi crée également de l'espace dans sa tête et dans son esprit.

◆ *Dans un projet d'organisation et de désencombrement, souvent ce n'est pas le résultat final qui compte mais plutôt le cheminement*

On me demande souvent pourquoi je ne prends pas de photos «avant et après» lors de mes sessions d'organisation avec mes clients. Pour moi, ce n'est pas le paraître qui est important, mais plutôt le cheminement que mes clients expérimentent.

Les avantages qu'un projet de désencombrement et d'organisation peuvent avoir sur nous sont assez incroyables. J'en ai répertorié plusieurs:

- les prises de conscience;

- la découverte de soi et d'outils qui serviront dans d'autres domaines de sa vie;

- l'allègement d'avoir éliminé nombre d'objets;

- se sentir moins étouffé, plus efficace et organisé,

- être fier d'avoir réussi;

- retrouver une joie de vivre et de l'énergie;

- simplement voir la lumière au bout du tunnel;

- la motivation d'accomplir d'autres choses;

- la perte de poids;

- un retour à la créativité;

- retrouver son pouvoir;

- avoir le plaisir de recevoir à nouveau à la maison;

- se faire demander en mariage par son conjoint;

- faire de la place pour de nouveaux projets ou réaliser des projets qui dormaient depuis longtemps;

- prendre sa retraite avec contentement;

- avoir la force de passer à autre chose à la suite d'un décès d'une personne chère;

- sortir de l'isolement;

- réduire les disputes entre parents et enfants;

- trouver des projets communs avec la famille;

- empocher de l'argent en vendant des articles non nécessaires;

- rendre la maison plus sécuritaire…

Voilà des réalités que j'ai expérimentées et/ou que mes clients ont expérimentées également. Qui a vraiment besoin de photos «avant et après» à la suite d'une telle expérience?

6.
Règle d'or
et bonne pratique

UNE PLACE POUR CHAQUE CHOSE
ET CHAQUE CHOSE À SA PLACE

C'est la règle la plus importante. L'analogie que j'aime beaucoup utiliser est le rangement de notre épicerie. Quand nous arrivons avec nos sacs d'épicerie, en principe il y a une place pour chaque chose et nous mettons chaque chose à sa place: la crème glacée au congélateur, les pommes dans le tiroir de droite, les concombres dans le tiroir de gauche, le litre de lait sur la tablette du centre, la moutarde dans la porte, etc. Nous avons exercé notre cerveau à placer (ou à retrouver) la nourriture. Nous le faisons facilement aussi avec les vêtements, alors pourquoi ne pas appliquer ce principe à tous nos objets dans la maison?

Si vous placez souvent une chose à un certain endroit et que les autres membres de la famille ne l'y replacent pas (mis à part qu'ils sont peut-être habitués que vous ramassiez derrière eux), c'est plus facile alors de le laisser là. Mais si cette solution n'est pas l'idéal, il faut peut-être leur demander où il serait plus approprié de ranger cet article. Vous serez peut-être surpris de leur réponse: peut-être que la tablette est trop haute ou que l'article est trop loin par rapport à la fréquence de son utilisation. Impliquez toute la maisonnée dans l'élaboration du rangement des choses. De cette façon, chacun peut aider à replacer les articles, car chacun aura contribué à la réflexion. Et personne n'aura plus l'excuse de dire: «Papa, où se trouve le dictionnaire?» ou «Maman, où se trouve mon chapeau?»

Appliquer la loi de Pareto

Comme je l'ai expliqué précédemment (à la page 78), il faut garder à l'esprit qu'on utilise 20% des choses 80% du temps. Alors, soyez sélectif et réaliste dans ce que vous gardez. Pour ma part, savoir que 80% sert très peu mais que je dois malgré tout le gérer, l'entreposer et en faire l'entretien m'aide à réfléchir plus longuement sur ce qui «mérite» mon attention, mon temps, mon énergie et de se retrouver dans ma maison.

J'aime beaucoup penser que je peux faire plus avec moins. Et moins j'en ai, plus j'ai une meilleure qualité de vie. J'aime mieux viser la qualité que la quantité pour mes choses, mes relations et mon temps.

Un qui entre, un qui sort

Lorsque nous sommes bien établis dans la vie, il faut savoir qu'à un certain moment, nous possédons en principe tout ce qu'il nous faut. Alors, pour garder l'équilibre dans notre maison et dans notre vie, il faut apprendre que si nous achetons ou recevons quelque chose, il faut que nous sortions autre chose.

Pensez à ceci: vous avez un beau grand vase carré qui représente votre maison. Ensuite, vous avez des billes qui représentent vos choses. Alors, vous commencez à remplir le vase de billes: cinq billes pour représenter la table et les quatre chaises, deux billes pour le canapé et la causeuse, une autre pour le bureau, puis la chaise, le lit, l'armoire, les appareils électroménagers, les meubles des enfants, les articles pour l'entretien de la maison, de la voiture, et ensuite les effets personnels, les draps et couvertures, les oreillers, les vêtements, les produits de soins personnels, les articles de sports, de bricolage, la vaisselle et les articles pour cuisiner, etc. Rapidement, le vase se remplit. Si, au cours des années, vous continuez à accumuler des choses et que rien (ou presque rien) ne sort, il est tout à fait normal que votre espace et votre tête commencent à se sentir étouffés, qu'il n'y ait plus de bonne énergie qui circule. Alors, pensez-y à deux fois avant d'acheter quelque chose... pensez déjà à l'objet qui devra sortir. Parfois, j'ai remis l'article sur la tablette du magasin parce que je n'étais pas certaine de ce dont je voulais me départir.

TROIS PRISES ET TU ES PARTI!

J'adore ce concept. J'ai commencé à avoir ce réflexe avec mes vêtements. Il arrivait une journée où j'enfilais un chandail et je l'enlevais plus vite que je l'avais mis. Bon! Était-ce parce que j'étais plus gonflée ce jour-là, était-ce mon humeur... alors j'ai dit à ce chandail: «Prise 1». S'il se produisait la même chose la deuxième fois que je décidais de le porter, alors «Prise 2» et, à la «Prise 3», il est parti! Le chandail va directement dans ma boîte de choses à donner.

S'ENTOURER D'OBJETS QUI ONT
UNE VALEUR DE SEPT ET PLUS

J'ai décidé de m'entourer d'objets qui me font du bien, qui ne drainent pas mon énergie, qui me font sourire, que j'aime… J'ai appris à regarder les choses avec un œil plus critique. Je les situe sur une échelle de valeur. Si elles n'obtiennent pas un 7 ou plus, je m'en débarrasse. Pourquoi avoir des objets qui ont des effets négatifs quand nous pouvons nous entourer d'objets qui vont élever notre humeur, nos vibrations, notre confiance?

J'ai parlé de cette approche au sujet des vêtements, mais nous pouvons l'appliquer également pour d'autres articles. N'oubliez pas de jouer au balancier aussi. Par exemple, mon chandelier obtient peut-être un 8 au niveau de sa beauté, mais il obtient un 2 au niveau de mon énergie quand vient le temps de l'épousseter. Si vous l'époussettez avec joie, tant mieux, mais si c'est drainant, mieux vaut ne pas l'avoir.

Quand vous avez trop d'objets, mettez-les également côte à côte et attribuez-leur une valeur sur votre échelle. Ne gardez que ceux qui obtiennent un 7 ou plus.

DIRE OUI À QUELQUE CHOSE IMPLIQUE
DE DIRE NON À AUTRE CHOSE ET VICE VERSA

Quand je vois toutes les mamans avec qui je travaille débordées par les «choses» à faire, certaines ne savent tout simplement pas dire non. En fait, cela se produit fréquemment avec les vêtements donnés pour les enfants. Je ne dis pas que le geste n'a pas ses bons côtés, car il aide beaucoup financièrement, mais quand la quantité de vêtements dépasse une certaine limite, cela vient diminuer la qualité de vie. Si le temps pris à laver, et à trier tous les vêtements par âge, par sexe, par saison n'est pas proportionnel au gain, ce n'est guère utile. Alors, dire oui à tous ces sacs de vêtements prend du temps et de l'espace aussi pour les entreposer. Il vous faut de l'énergie pour vous souvenir de ce que vous avez en inventaire et pour refaire ce processus tous les six mois. Même si les gens ont assez de vêtements pour leurs enfants, ils se sentent obligés de les accepter de peur de blesser la personne qui les leur offre (comme si, en les refusant, vous disiez à l'autre que ses choses ne sont pas assez bonnes ou assez belles pour vos enfants).

Nous ne sommes pas entraînés à dire non, ce n'est pas dans nos habitudes. Nous aimerions dire *non merci*, mais nous ne savons pas comment. Carole Thériault, coach personnelle et professionnelle, dit que c'est un «muscle» qui peut se développer et qu'il faut commencer à s'entraîner à dire non. Elle recommande de nous trouver des phrases-clés, de les écrire et de choisir celles avec lesquelles nous sommes le plus à l'aise. Par exemple: «Merci, Joanne, d'avoir pensé à moi, ça me touche vraiment, mais avant de les accepter, laisse-moi le temps d'évaluer si j'en ai vraiment besoin et si j'ai l'espace pour les placer» ou encore «Merci d'avoir pensé à moi, mais pour l'instant j'ai tout ce qu'il me faut.»

Soyez conscient que si une personne vous offre quelque chose (gratuitement ou non), il y a toujours un prix: au niveau de votre espace ou de la gestion de votre énergie. Quand vous l'acceptez, cela vient prendre l'espace de quelque chose d'autre ou vient déranger votre espace.

Le temps requis pour gérer tout cela, c'est du temps en moins que vous n'avez pas pour jouer avec votre enfant, du temps en moins pour faire une marche avec votre amoureux, du temps en moins pour relaxer, lire un livre, prendre un bain. Pensez-y bien avant d'accepter quelque chose la prochaine fois. Quelle valeur cela ajoutera-t-il à votre vie?

CULTIVER SA MAISON ET SA VIE
COMME UN JARDIN

Comme vous le savez, j'aime beaucoup la visualisation par les mots, et particulièrement la comparaison suivante. Quand on veut un beau jardin, il faut prendre le temps d'enlever les mauvaises herbes. Alors pourquoi ne pas adopter le même principe dans sa maison et dans sa vie? Parfois, il suffit d'identifier ce qui constitue ses «mauvaises herbes» et prendre le temps de les éliminer.

Lorsque les «mauvaises herbes» sont arrachées, cela permet de voir et d'apprécier toutes les belles «fleurs» et les merveilleuses «plantes» que nous entretenons.

CE QUI SE RESSEMBLE S'ASSEMBLE

Mettre en pratique ce proverbe permet de retrouver beaucoup plus facilement les choses et surtout de garder un œil sur l'inventaire de nos biens. S'ils sont tous rangés au même endroit selon leur catégorie ou leur utilité, nous n'avons pas à nous poser mille et une questions quant à leur localisation. De plus, si nous cherchons des articles qui sont en lien avec la baignade, par exemple, et que tous les objets de même nature ou de même utilité sont dans le même espace de rangement, nous n'avons pas à fouiller dans tous les coins lorsque vient le temps de pratiquer cette activité.

CRÉEZ DES ZONES

En suivant cette dernière règle de rassembler ce qui se ressemble, pensez aussi à créer des zones. Réserver un espace, une tablette ou un placard à une utilisation particulière permet d'avoir un seul repère pour trouver les objets dont vous avez besoin.

Souvent, chez mes clients, les articles qui servent à une même fonction se retrouvent éparpillés à travers leur maison. Je retrouve, par exemple, des articles pour emballer les cadeaux dans toutes les pièces, quelques-uns dans le bureau, d'autres sur le comptoir de la cuisine ou dans le garde-manger, ou encore sous le lit dans la chambre à coucher ou dans le sous-sol, etc. Désignez des endroits dans la maison où toutes les choses de même catégorie ou utilité vont se retrouver. Créez un espace pour le matériel d'artisanat, pour la cuisine et la préparation des repas, un coin pour la lecture, pour les photos, un autre pour gérer les factures. Dans un même espace, il peut y avoir des sous-zones. Par exemple, si vous avez beaucoup de matériel relatif à l'artisanat, séparez-le par style ou par utilité.

PENSEZ PROXIMITÉ

Souvent les gens placent les objets un peu n'importe où, là où ils trouvent de la place. Il faut penser en termes d'utilité et de fréquence d'utilisation. Placez les objets les moins utilisés en hauteur ou dans des endroits moins accessibles. Puis, placez les objets les plus utilisés à la portée. Rien ne sert de monter sur une chaise tous les jours pour atteindre les mêmes articles quand il y a des objets directement dans votre champ de vision qui ne servent que rarement.

J'ai observé que cette problématique est très fréquente dans la cuisine, dans le bureau et dans le garage. Ce n'est pas parce qu'on a placé des objets stratégiquement qu'il ne faut plus les bouger de nouveau dans six mois ou un an. Les besoins changent, évoluent, alors il faut que notre environnement reflète nos nouvelles réalités. Que les biberons soient placés sur la première tablette, c'est bien quand le bébé boit plusieurs fois par

jour, mais lorsqu'il passe à une étape plus avancée de son développement, il faut modifier l'emplacement des biberons. Souvent, je vois les gens utiliser un espace important pour des
objets peu utiles ou peu utilisés.

SERVEZ-VOUS DE CONTENANTS

Se servir de paniers, de bacs, de récipients est utile à plusieurs
niveaux.

1. Ils permettent de cacher des articles dans des endroits où
   l'esthétique est importante. Comme dans un salon, par
   exemple, un joli panier peut permettre de camoufler
   toutes les nombreuses manettes de contrôle à distance.

2. Ils permettent d'accéder à des articles plus facilement.
   Par exemple, dans votre cuisine, si vous avez plusieurs
   objets sur une tablette assez élevée, comme des envelop-
   pes d'épices en surplus, ranger les articles dans un petit
   bac permet de les récupérer plus facilement et prévient
   aussi que des articles soient entassés au fond de la
   tablette et oubliés. On peut les utiliser sur des étagères
   hautes difficiles d'accès mais aussi dans des endroits
   très bas. Il est plus facile de tirer un panier rempli de
   couvercles que de vous pencher à quatre pattes pour
   trouver celui que vous recherchez.

3. Ils permettent aussi de compartimenter des espaces où
   l'on retrouve plusieurs types d'objets, comme dans le
   tiroir du bureau. Avoir quelques petits récipients pour
   séparer les élastiques, les trombones, les crayons et
   stylos évite que vous vous retrouviez avec un tiroir pêle-
   mêle. Si, dans un même endroit, vous cherchez toujours,
   pensez à compartimenter selon différentes catégories.
   Le matin, si vous êtes toujours en train de deviner si vos
   bas sont noirs ou marines, utilisez des paniers dans votre
   tiroir pour les séparer.

4. Ils permettent de protéger adéquatement vos objets. Je vois trop souvent des personnes utiliser des boîtes en carton pour entreposer leurs articles dans des endroits où il y a beaucoup de fluctuations de température ou des petits rongeurs. En utilisant le bon contenant, cela vous permettra d'éviter les dommages causés par l'humidité, la sécheresse, la lumière ou les bestioles. Les photographies posent souvent un gros problème. Si vous n'avez pas le temps de les incorporer dans des albums, ne les mettez pas dans des boîtes à souliers ou en carton pour une longue période. Si vous voulez les conserver pour plus d'une génération, procurez-vous plutôt des boîtes spécialement conçues à cet effet (sans acide). Alors même si elles ne sont pas organisées, au moins elles seront protégées.

5. Voici l'utilité que je préfère: le contenant agit comme une limite physique. Je m'explique. Quand vous décidez de garder des objets, il est important, lors de l'organisation de votre espace, d'imposer une quantité adéquate de vos articles selon leur fréquence d'utilisation et l'espace dont vous disposez. J'aime apporter comme exemple les chandelles. Déterminez à quelle fréquence vous les utilisez. Dans mon cas, ce n'est qu'à de rares occasions. Alors, j'ai décidé que mon surplus de chandelles doit entrer dans un bac de la grosseur d'une boîte à souliers, et que cette quantité est une réserve suffisante pour un bon bout de temps. Si j'en reçois en cadeau ou si j'en achète parce que leur parfum me fait craquer, eh bien, lorsque vient le temps de les mettre dans la boîte de rangement et qu'il n'y a plus de place, je dois alors pratiquer la règle de *un qui entre, un qui sort*.

Si vous aimez moins les chandelles reçues en cadeau que celles que vous possédez déjà, mettez le cadeau dans votre boîte de choses à donner (selon le concept expliqué plus loin, à la page 106). J'entends des gens retenir leur souffle ou dire: *Ben voyons donc, on ne peut pas faire ça!* Mais oui, vous pouvez. Chaque objet dans votre maison a une charge émotive, qu'elle soit positive ou négative. Si vous gardez un objet par culpabilité, par peur ou par obligation, vous créez un environnement négatif autour de vous. Que vous voyiez l'objet ou non, il draine quand même votre énergie. Karen Kingston le dit bien dans son livre *Clear Your Clutter with Feng Shui*: «On peut apprécier recevoir un cadeau sans être obligé de le garder.» Quand vous donnez un cadeau, faites-le avec amour, puis lâchez prise. Offrez à la personne qui le reçoit la liberté d'en faire ce qu'elle veut.

Pour revenir à l'utilité d'un récipient, s'il a été désigné pour contenir quelque chose de spécifique et qu'il commence à déborder, c'est une indication qu'il faut épurer de nouveau. Le contenant agit comme un encadrement et impose une limite physique à vos objets.

Votre bac d'entreposage devrait, dans la mesure du possible, être transparent, ce qui vous permettra d'en voir le contenu mais aussi vos réserves (par exemple, vous pouvez constater en un coup d'œil qu'il ne vous reste presque plus de farine). Si votre bac n'est pas transparent, ce serait une bonne idée de l'étiqueter et d'y inscrire le contenu. Je trouve toujours étonnant de voir chez mes clients des bacs et des boîtes qui ne sont pas identifiés.

Quand on fait le grand ménage, on passe à travers tout. On découvre des boîtes non identifiées et quand les clients s'apprêtent à les ouvrir, je les arrête et leur demande s'ils savent ce qui se trouve à l'intérieur. La plupart du temps, ils ne le savent pas. Quand ils en voient le contenu, ils disent toutes sortes d'exclamations: «Ah! j'avais oublié que j'avais ça.» «Ah! j'avais oublié que c'était ici.» «Ah! ça fait des mois que je cherche cette chose.»

Alors, prendre deux minutes de notre temps pour inscrire le contenu de la boîte nous sauve des heures perdues à fouiller pour trouver nos objets. Quand on remplit la boîte, on se souvient de ce qu'il y a à l'intérieur mais après un mois, un an, cinq ans, on ne s'en souvient plus. De plus, soyez spécifique dans la description du contenu.

ARRÊTEZ!
AVANT DE VOUS PRÉCIPITER AU MAGASIN

Le réflexe premier quand les gens décident de s'organiser est d'aller au magasin et d'acheter une multitude de contenants et des bacs de rangement en tous genres. Ils se laissent séduire par les articles en magasin qui, croient-ils, les aideront à s'organiser et à régler leurs problèmes. Malheureusement, ils retournent à la maison, placent leurs objets dans les bacs et les problèmes reviennent plus souvent qu'autrement. Cela ne fonctionne pas parce que la plupart des personnes n'ont pas pris le temps de bien analyser leurs besoins. Par exemple, quelqu'un a besoin de bacs pour entreposer ses magazines. Il part et achète plein de porte-revues, revient à la maison où il constate qu'il y en a trop ou pas assez, qu'ils ne font pas dans l'espace voulu, etc.

En premier lieu, pour bien déterminer vos besoins, il faut faire le tri de ce qui reste et de ce qui part. Prenons cet exemple : est-il nécessaire de garder tous les anciens magazines? Je suis abonné à combien? Pourquoi est-ce que je veux me procurer des porte-revues? Est-ce pour avoir un endroit où entreposer mes magazines entre mes lectures? Est-ce pour les entreposer à long terme? Est-ce que ce sont des revues pour le travail, pour des références ou pour les loisirs? Peut-être que certains magazines sont importants à garder, mais allez-vous vraiment les consulter de nouveau? Quel est le meilleur endroit pour les ranger? Dans mon cas, j'ai un magazine que je garde comme référence. J'ai deux porte-revues, un pour l'année en cours et un autre pour l'année antérieure. Quand une nouvelle année commence, je prends les magazines de l'année antérieure et je les donne aux cliniques ou aux salons de beauté que je fréquente. Ce porte-revues vidé devient le rangement pour recevoir les magazines de l'année en cours. Il y a toujours une rotation. De toute façon, la plupart des sujets dans les périodiques reviennent tous les deux ans. En plus, j'ai un porte-revues pour les magazines en cours de lecture.

Une fois que vous avez déterminé le nombre à acheter, il est important de prendre des mesures. Où seront-ils placés (sous les escaliers, entre deux tablettes, sous une armoire? Pour le cas des porte-revues ou autres types de contenants, prenez la mesure de la hauteur, de la profondeur et de la largeur. Si vous êtes stratégique, peut-être pourriez-vous avoir deux paniers côte à côte au lieu de seulement un autour duquel il y aurait de l'espace perdu. Même chose à la verticale, vous pourriez vous procurer deux ou trois bacs qui maximisent l'espace entre deux tablettes, au lieu d'un seul avec une perte d'espace. Apportez votre ruban à mesurer au magasin. Pensez aussi au poids du contenant, s'il doit être placé en hauteur, mieux vaut en choisir un qui sera plus léger. Pensez également à qui l'utilisera. Si vos tout-petits ont à s'en servir, vérifiez afin que la grandeur et les poignées soient adéquates pour eux. S'ils doivent être à la vue, assurez-vous que vous aimiez leur allure. Si le panier sera manipulé régulièrement, il serait bon d'investir dans une qualité supérieure.

En ayant fait ces exercices, vos achats seront appropriés à vos besoins ainsi qu'à votre espace et, comme la plupart de mes clients, les bacs ne feront plus partie du désordre.

CHANGEZ LA NATURE DE VOTRE RELATION AVEC VOS OBJETS

Les gens ne réalisent pas à quel point les objets exercent un contrôle sur eux. Questionnez-vous à savoir le genre de relation que vous entretenez avec vos objets ou avec certains types d'objets.

- *Attachement au passé.* Vous sentez le besoin de tout garder du passé, sinon, c'est comme si vous n'étiez plus rien. C'est votre façon de vous valoriser et de vous rappeler que vous avez été aimé.

- *Sécurité pour le futur.* Vous sentez le besoin de tout garder dans l'éventualité où vous en auriez besoin un jour, ou vous avez peur de manquer de quelque chose.

- *Identité.* Vous sentez que vous avez besoin de ces objets pour bien paraître, pour être comme vos voisins, pour vous donner un rang social.

- *Responsabilité.* Vous vous sentez responsable du bonheur des autres (famille, amis, étrangers), donc vous devez avoir tout ce qu'il faut pour répondre à leurs besoins, comme des jouets pour les enfants des autres, une trousse de premiers soins dans votre sac à main au cas où quelqu'un dans l'autobus en aurait besoin, etc. Vous vous êtes aussi donné la responsabilité des objets provenant de l'héritage (meubles et objets de vos parents, grands-parents et arrière-grands-parents).

- *Solitude.* Vous vous entourez d'objets pour remplir l'espace autour de vous parce que vous n'aimez pas la solitude. Parmi tous ces objets, vous vous sentez moins seul.

- *Abondance.* Vous avez le sentiment que plus vous avez d'objets, plus vous vous rapprochez du bonheur. C'est en achetant des choses que vous allez être heureux.

Je ne dis pas de ne plus avoir d'effets personnels, de vivre dans la simplicité volontaire, mais est-il possible de vivre bien et simplement? Je suis convaincue que le fait de mieux comprendre notre relation avec nos biens matériels apporte une meilleure relation avec soi-même et avec les autres, et une plus grande appréciation de la vie.

Il est important d'avoir un équilibre avec toutes ces choses, c'est lorsque la quantité entrave votre espace, votre tête, votre fonctionnement que vous devez apporter un changement. Selon le degré de difficulté, veuillez consulter ou demander l'aide d'un(e) ami(e), d'un organisateur professionnel, d'un thérapeute ou encore d'un professionnel de la santé.

Fixez un temps

«Ne pas planifier, c'est planifier son échec.»

On n'a jamais le temps de s'organiser, mais on a toujours du temps à perdre à fouiller, à retourner au magasin pour acheter quelque chose parce qu'on ne trouve pas ce qu'on veut; du temps pour se chicaner avec ses enfants et son conjoint, mais on dit ne pas avoir le temps de s'organiser. On a beau se répéter qu'il faut le faire, qu'on va le faire, mais tant et aussi longtemps qu'on ne l'a pas inscrit à son horaire ou dans son agenda, il y aura toujours mieux à faire. Les gens paient très cher pour leur voiture et l'apportent au garage régulièrement pour son entretien. Par contre, une voiture se déprécie avec le temps. Parallèlement, les gens paient très cher pour leur maison, mais certains n'y consacrent pas autant d'entretien et de temps. Ils le feront peut-être pour la bâtisse comme telle, mais pas pour ce qui se trouve à l'intérieur. Selon le degré de désencombrement ou d'organisation à entreprendre, notez dans votre agenda (papier ou électronique) des périodes de temps dédiées au rangement. J'ai eu le plaisir de travailler avec quelques clients qui se donnaient une année pour refaire de l'ordre dans leur maison. Ceux qui ont des objectifs de travail ou de perte de poids comprennent ce système. Il s'agit de l'appliquer maintenant à l'organisation de la maison. Ce mois-ci, on travaille sur les chambres à coucher; le mois prochain, on travaillera sur la cuisine, etc. Ce qui m'amène à vous présenter le prochain point.

ARRÊTEZ DE VOIR LA GROSSE MONTAGNE, MORCELEZ VOTRE PROJET D'ORGANISATION

Une des excuses que j'entends souvent chez mes clients, c'est qu'ils ne savent pas comment ils en sont arrivés là et ne savent pas plus par où commencer. Il arrive des circonstances dans la vie où on perd le contrôle, comme lors d'une séparation, de la naissance d'un enfant, de la perte d'un être cher, d'une peine d'amour, d'un changement au travail, de problèmes de santé physique ou mentale. Peu importe la raison de cet encombrement, l'important est qu'à un certain moment, il faut reprendre le contrôle.

Si vous voyez cette entreprise comme une montagne insurmontable, réduisez l'angle de votre champ de vision. Si toute la maison est bordélique, commencez une pièce à la fois, par exemple la chambre à coucher. Si cette pièce semble encore être une montagne, réduisez de nouveau l'angle de votre champ de vision et commencez par la commode. Si celle-ci semble encore une montagne, allez-y un tiroir à la fois.

COURBE D'ÉNERGIE

Prenez en considération votre courbe d'énergie lorsque vous complétez des tâches ou entreprenez un projet d'organisation. Si vous avez tendance à avoir de l'énergie le matin, travaillez le matin et non le soir. S'il vous faut trois tasses de café avant de pouvoir dire bon matin aux autres membres de la famille, prévoyez travailler en fin de matinée ou en après-midi. N'hésitez pas à faire garder vos jeunes enfants pour être en mesure de consacrer toute votre énergie au projet. Sinon, leurs besoins seront toujours une interruption pour vous et vous ne serez pas capable de garder la concentration ni le focus. Vos réserves d'énergie seront vite épuisées. Éliminez toutes les sources de distraction afin d'être en mesure de vous engager à 100%.

RESPECTEZ ET TRAVAILLEZ
SELON VOTRE HÉMISPHÈRE DOMINANT

Si vous avez toujours essayé d'être organisé et que vous n'avez pas été en mesure de le rester, c'est peut-être parce que vous essayez de vous conformer à la façon standard de faire les choses. Essayez des trucs différents. Les gens répètent souvent les mêmes comportements ou gardent les mêmes habitudes en espérant obtenir un résultat différent. Faites comme moi, osez être «non conforme». Essayez les concepts ouverts, éliminez les couvercles sur les mannes à linge, ayez des piles organisées à la vue. Fichez-vous de ce que dit votre entourage si faire les choses différemment vous permet d'être plus organisé et moins traîneux. Est-ce que ça n'en vaut pas le prix? N'ayez pas peur d'être original et de faire des choses qui sortent de l'ordinaire.

CONSULTEZ LES MEMBRES DE VOTRE FAMILLE

Il faut consulter les membres de votre famille ou votre conjoint quand vient le temps de désencombrer une pièce, car votre façon d'organiser et celle des autres n'est pas nécessairement la même. Trouvez des compromis.

C'est difficile parfois quand, dans la même demeure, il existe plusieurs styles organisationnels. Par exemple, la femme est plutôt de dominance gauche et le mari plutôt de dominance droite (ou vice versa). Que de conflits… Je trouve la situation un peu rigolote quand j'entre chez des gens pour une consultation sur l'organisation et je sors de la rencontre en ayant résolu des disputes de couple.

Accordez de l'importance au style de la personne qui s'occupe le plus de cette tâche ou de cet espace. Par exemple, si le lavage est la tâche de monsieur, organisez cet espace selon son style à lui. Si la cuisine est le domaine de madame, organisez-la selon son style à elle. La chambre de l'enfant devrait refléter son style à lui et non celui des parents. Si, par exemple, le vestibule est toujours problématique et que monsieur et les enfants sont plutôt du style de droite, la majorité devrait l'emporter. Si, pour madame qui est du type hémisphère gauche, le fait d'avoir des manteaux, des souliers, des sacs d'école à la vue sur des crochets la font grincer des dents, il serait peut-être important qu'elle révise ses attentes. Qu'est-ce qu'elle préfère? Se plaindre et se disputer avec sa famille tous les jours parce que les articles ne sont jamais placés dans le garde-robe et qu'ils sont éparpillés sur le sol ou sur le dossier d'une chaise? Ou ne rien dire et faire tout le travail elle-même mais en accumulant du ressentiment en elle-même? Ou encore leur donner des outils adaptés à leur style où chacun aura plus de facilité à ranger ses choses et pourra développer une autonomie?

Quand l'espace est partagé par plusieurs personnes, il est important de prendre leur opinion et leur style en considération. Je recommande souvent aux familles ou aux couples de prédéterminer un moment pour une rencontre. Ne dites pas à votre mari: «Chéri, assieds-toi. J'aimerais qu'on parle de l'organisation du salon.» Ses pensées ne sont vraiment pas au même niveau que les vôtres. Il se sentira pris au dépourvu et deviendra soit sur la défensive, soit complètement muet ou non participatif aux idées. Dites plutôt aux membres de votre famille que vous aimeriez que l'organisation de la salle de jeux soit un projet familial, que les idées de chacun sont les bienvenues et demandez-leur quel serait le bon moment pour discuter tous ensemble. De cette façon, tous auront l'opportunité de mijoter leurs idées et ne pourront pas dire qu'ils n'ont pas été consultés au sujet des changements qui sont sur le point de se produire. Discutez ensemble de ce qui fonctionne dans la pièce, de ce qui irrite, de la vision de chacun sur l'utilisation de cette pièce, ce qu'ils aimeraient avoir comme ambiance, et ensuite parlez des besoins importants en matière d'aménagement. Créer une vision commune ira loin dans le projet d'organisation, surtout à long terme.

BOÎTE DE CHOSES À DONNER

Il est important dans chaque maison d'avoir en permanence une boîte vide pour recueillir des dons, où tous les membres de la famille peuvent y déposer les objets qu'ils veulent donner. Il est nécessaire qu'elle soit toujours placée au même endroit et, lorsqu'elle est pleine, qu'elle soit apportée à un organisme de charité (ou qu'une cueillette soit inscrite au calendrier). Il est primordial que personne ne juge ce qui a été déposé dans cette boîte et que les parents n'opposent pas leur veto (à moins d'un article exceptionnel). Si le rituel de donner des choses n'est pas déjà développé, il faut créer cette habitude et avoir un système établi dans la maison pour en faciliter le processus.

À y déposer: vêtements, accessoires de mode, articles décoratifs, articles de cuisine, livres, musique, films, équipements de sport et de conditionnement physique, jouets, matériel d'artisanat, bijoux, petits électroménagers, etc. Beaucoup d'œuvres de bienfaisance dépendent des collectes d'articles ménagers et de vêtements pour subvenir aux besoins de leur clientèle et à leurs besoins financiers.

Donner un article qu'on n'utilise plus ou qu'on n'aime plus permet à cet article d'avoir une seconde vie. Ce qui encombre votre espace et votre tête peut véritablement simplifier et améliorer la vie de quelqu'un d'autre.

7.
Travailler avec un organisateur professionnel

Le métier d'organisateur professionnel existe formellement depuis 1984 aux États-Unis (NAPO – *National Association of Professional Organizers*), et au Canada, les OPC – Organisateurs professionnels au Canada – ont fêté leur 10ᵉ anniversaire en 2010. Le public anglophone est familier avec ce métier depuis plusieurs années, par contre, il est très peu connu au Québec et encore moins en France. Par conséquent, j'ai pensé inclure dans ce livre une section pour vous éclairer à ce sujet.

DÉFINITION

La définition officielle d'un organisateur professionnel selon les OPC est celle-ci :

*Un organisateur professionnel offre des rensei-
gnements, des produits et de l'assistance pour aider
les individus ou les entreprises à atteindre leurs
objectifs d'organisation spécifiques.*

*Dans la réalité, ces professionnels de l'organisa-
tion vous guident, vous encouragent et vous éduquent
sur les façons de relever vos défis d'organisation en
offrant soutien, focalisation et direction. Les organisateurs professionnels ont une très bonne écoute en
plus de ne porter aucun jugement et d'être extrêmement dévoués à leurs clients. Ils vous aident à en faire
plus en moins de temps et avec plus d'énergie. Un
organisateur professionnel offre à la fois de la consultation et des services d'organisation pratiques afin
de vous donner les aptitudes et les outils nécessaires
pour réduire votre stress et éliminer le désagréable
sentiment de débordement.*

QUELS TYPES DE SERVICES UN ORGANISATEUR PROFESSIONNEL PEUT-IL OFFRIR?

Voici des exemples généraux. Cependant, certains organisateurs professionnels ont des champs d'expertise spécialisés,
comme l'organisation équestre. Il existe également d'autres
types de services que ceux énumérés plus bas.

RÉSIDENTIEL

Au niveau résidentiel, l'organisateur professionnel peut
vous aider dans les secteurs suivants.

◆ *L'organisation*
des espaces de rangement

Par exemple les garde-robes, les vestiaires ou les armoires de cuisine. Vos articles débordent-ils de tous côtés? Accéder à un article s'avère-t-il une tâche difficile? Vous ne trouvez jamais le couvercle qui va avec le contenant en plastique correspondant, le soulier manquant, le chandail préféré? Un organisateur professionnel vous offrira des solutions de rangement selon vos besoins et votre budget.

◆ *L'organisation de*
l'ensemble des pièces de la maison

Comme la chambre des maîtres, les chambres d'enfants ou d'adolescents, la salle de bain, le salon, la salle familiale, le garage, l'atelier, la salle de lavage et le bureau doivent être organisés. Cherchez-vous toujours vos clés, vos documents, vos bijoux, vos outils, les jouets des enfants? Est-ce que chaque pièce de la maison ressemble à une zone sinistrée? Un organisateur professionnel vous aidera à créer un espace harmonieux où il y aura «une place pour chaque chose et où chaque chose sera à sa place».

◆ *L'organisation*
des chambres d'enfants

Êtes-vous exaspéré de dire à votre enfant de «faire» sa chambre? Peut-être que le style de rangement ne convient pas à sa personnalité. Si votre relation souffre de ce combat quotidien, pourquoi ne pas faire appel aux services d'un professionnel? La complicité qui peut s'établir lors des rencontres entre un organisateur professionnel et votre enfant pourrait avoir un impact positif et direct sur votre relation avec ce dernier.

◆ *La mise en valeur*
de votre maison

Un organisateur professionnel peut vous aider à préparer votre maison en vue de la vendre. En matière de *Home Staging* (valorisation immobilière), l'une des étapes les plus importantes est de désencombrer. Cependant, les gens ont souvent de la difficulté avec cette étape, car l'accent est mis sur la vente de la maison. Il faut alors faire «disparaître» le désordre et les objets plus personnels en emballant le tout dans des boîtes. Par contre, les gens se voient contraints de déménager ces boîtes souvent nombreuses, et elles traînent dans la nouvelle maison pendant plusieurs années.

Travailler avec un organisateur professionnel vous aide à distinguer ce qui est important de garder ou non, et met l'accent sur la nouvelle demeure et non sur celle que vous essayez de vendre. Alors, quand vient le temps de déménager, vous transportez seulement les choses qui méritent d'être dans la nouvelle propriété. Depuis quelques années, certains organisateurs professionnels se spécialisent dans l'organisation de la vente de maisons. Ils voient à tout le travail qui doit être fait pour les valoriser en vue de les vendre (désencombrement, nettoyage, aménagement extérieur, entretien intérieur et extérieur). De plus, ils peuvent engager un expert pour s'occuper de la partie esthétique de la valorisation de la propriété afin de la rendre plus attirante au plus grand nombre possible d'acheteurs potentiels.

◆ *Le déménagement*
(avant ou après)

Simplifiez le processus du déménagement, emballez et/ou videz vos boîtes de façon simple et organisée. Sachez mieux vivre durant cette période de transition. Il existe des trucs et des solutions simples et efficaces qu'un organisateur professionnel peut partager avec vous.

◆ *L'organisation du bureau*

Que vous travailliez de la maison, ou y apportiez du travail, ou encore que le bureau soit le centre de gestion pour vos activités familiales, est-il possible de faire une distinction entre ce qui appartient à votre boulot, à l'administration et à la gestion de la maison et aux autres membres de votre famille? Que vous soyez travailleur autonome ou «gestionnaire» de votre famille et de votre maison, il faut souvent porter plus d'un chapeau. Celui de votre expertise personnelle, mais aussi celui d'un comptable, d'une secrétaire, d'un agent de marketing, de la présidente du CA du club de gymnastique de votre fille, etc. Est-ce que tous ces documents se retrouvent dans la même filière? Est-ce que vous parvenez à vous retrouver? Oubliez-vous d'effectuer certaines tâches, de payer certaines factures? Un organisateur professionnel peut vous aider à organiser votre zone de «travail» et la rendre plus efficace et productive.

◆ *La gestion du temps*

Vous et votre famille avez de la difficulté à respecter des rendez-vous, des échéanciers? Jongler avec le travail, la maison, la famille et vous-même est une tâche ardue? Un organisateur professionnel vous aide à organiser votre temps et vos activités. Le temps ne s'achète pas mais il peut être maximisé.

◆ *L'organisation virtuelle*

Que ce soit pour vos photos numériques, vos courriels ou vos dossiers, quand vous ne retrouvez pas ce que vous cherchez dans votre ordinateur, il n'y a rien de plus frustrant, en plus de perdre beaucoup de temps à fouiller. Un organisateur professionnel peut vous aider à l'organiser, à vous montrer comment sauvegarder vos documents de manière à les retrouver facilement, à les archiver et à créer de bonnes habitudes.

◆ *L'organisation des passe-temps*

Collimage (*scrapbooking*), bricolage, peinture, couture, photographie, musique, collections (coquillages, souvenirs, cartes de hockey, bibelots, etc.). Quel que soit votre passe-temps préféré, un organisateur professionnel vous conseille afin que vous puissiez en profiter au maximum.

◆ *Lors du départ d'un être cher*

La perte d'un être cher est pénible. Trier, emballer les effets personnels de cette personne et s'en départir est parfois trop difficile émotionnellement. Un organisateur professionnel vous aide à établir un inventaire des articles et des possessions pour la succession. Il peut aussi vous aider à faire le tri de ce qui est important et de ce qui a le plus de valeur.

CORPORATIF

Au niveau corporatif, l'organisateur professionnel peut vous aider dans les domaines suivants.

◆ *L'organisation des fournitures de bureau*

Vous cherchez toujours vos outils de travail, les agrafes, les stylos, le papier de couleur, les étiquettes? Est-ce que vous dépensez inutilement de l'argent parce que l'inventaire se retrouve un peu partout dans l'entreprise? Un organisateur professionnel organise vos fournitures de bureau, vos surplus d'inventaires de façon à ce que les employés trouvent facilement ce dont ils ont besoin pour travailler, et pour que vous n'ayez pas à trop débourser.

◆ *La gestion de la paperasse*

- *Surface de travail.* La montagne de paperasse ne cesse de grossir sur votre bureau? Vous cherchez toujours vos documents? Le périphérique de votre bureau est une zone sinistrée? En quelques sessions, l'organisateur professionnel pourra conseiller l'employé dans la gestion de la paperasse qui entre dans son bureau tous les jours (panier à réception, courrier, actions à prendre, factures, informations, classement, etc.). Des trucs et astuces pour un environnement productif, efficace et moins angoissant.

- *Classement.* Est-ce que tous les dossiers de votre entreprise se retrouvent sens dessus dessous? Craignez-vous une visite de l'Agence du revenu du Canada ou de Revenu Québec? Votre comptable demande-t-il des documents que vous ne trouvez pas? Vous ne savez pas quoi garder ou combien de temps le garder? Des dossiers mal classés peuvent représenter une perte d'argent puisque le temps que vous prenez à fouiller vous empêche de travailler à autre chose de plus important. L'organisateur professionnel vous aide à créer un système adéquat pour votre entreprise et vos besoins.

◆ *La gestion du temps*

Avez-vous de la difficulté à respecter des rendez-vous, des réunions, des échéanciers? Vous n'avez jamais assez de temps pour tout accomplir durant votre journée? Travailler avec un organisateur professionnel vous permet de mettre de l'ordre dans vos priorités et votre temps.

◆ *L'organisation virtuelle*

Vous n'avez pas de système en place pour vos dossiers électroniques et votre réseau? Les employés sauvegardent-ils ce qu'ils veulent et comme ils le veulent? Votre mémoire corporative est à risque? Selon votre type d'entreprise, un organisateur professionnel vous aide à mettre en place des procédures, des protocoles et un système de classement virtuel.

◆ *La gestion des courriels*

Les courriels entrent si rapidement que vous ne savez plus quoi en faire? Recevez-vous souvent un avertissement que votre boîte de courriels est pleine? Un organisateur professionnel peut vous aider à organiser votre système de courriels et vous donner des trucs et astuces afin de gérer cette forme parfois envahissante de communication.

◆ *Les articles inusités*

Avez-vous une entreprise qui a des besoins particuliers? Produisez-vous des objets ayant des formes inusitées et leur maintien en inventaire vous semble-t-il encombrant? Un organisateur professionnel peut analyser vos besoins et trouver un système de rangement approprié à votre situation particulière.

◆ *L'entrepôt*

Votre entrepôt représente-t-il une source de danger pour les employés ou laisse-t-il à désirer? Est-ce que l'inventaire est toujours un gros fardeau? N'attendez plus. Un organisateur professionnel peut examiner vos besoins d'entreposage et le processus de récupération d'objets, et vous proposer des solutions sur mesure.

◆ *Autres besoins corporatifs*

Certains organisateurs professionnels peuvent vous aider dans le réaménagement des bureaux, le déménagement, les opérations de grand ménage, etc.

CLIENTÈLE

Au niveau de la clientèle, certains organisateurs professionnels travaillent avec des groupes de personnes spécifiques comme :

- des personnes âgées ;

- des enfants ou des adolescents ;

- des personnes ayant des troubles d'apprentissage et/ou d'attention ;

- des personnes ayant des troubles d'organisation chronique, d'amassement pathologique, de syndrome de Diogène, de syllogomanie (forme de trouble obsessionnel compulsif) ;

- des employés des milieux d'affaires cibles comme : médical, légal, dentaire, comptable, etc. ;

- des artistes, des auteurs ;

- des personnes ayant un handicap physique.

QUELS SONT LES BIENFAITS D'UNE BONNE ORGANISATION?

Je suis convaincue que vous devez avoir confiance dans le processus et vouloir changer certains comportements pour en tirer tous les bienfaits. Mais une fois résolu le processus de l'organisation et après l'avoir complété, vous y verrez toute une différence. Voici quelques exemples de bienfaits:

- diminution du stress;

- gain de temps et d'espace;

- augmentation de l'efficacité, de la productivité, de l'énergie, de la motivation et de la créativité;

- sommeil amélioré;

- meilleures relations avec vos proches ou dans votre milieu de travail;

- retour d'une joie de vivre;

- vente plus rapide de votre maison et à meilleur prix avec le service de mise en valeur immobilière.

QUELQUES QUESTIONS QUI REVIENNENT SOUVENT

◆ *Doit-on tout jeter?*

Voilà une question que les clients me demandent souvent. Bien sûr que non. Les organisateurs professionnels sont là pour vous poser certainement des questions essentielles qui vous feront réfléchir plus en profondeur, mais la décision de garder, de donner ou de jeter un objet demeure toujours la vôtre.

Je dois dire que la plupart de mes clients changent d'attitude après avoir commencé le processus. Ils deviennent capables de mieux juger ce qui est important pour eux et ce qui l'est moins.

◆ *J'ai honte de mon désordre,*
est-ce que vous allez me juger?

Pas du tout. Je sais que c'est difficile de faire les premiers pas et je traite les gens avec professionnalisme, respect et intégrité. Toute personne exerçant ce métier ne devrait jamais juger: nous adhérons au code de déontologie et si, pour quelque raison que ce soit, vous ne vous sentez pas respecté par le professionnel que vous avez engagé, n'hésitez pas à faire une plainte formelle.

Avant une rencontre, les clients me préviennent que leur situation est très «grave» mais plus souvent qu'autrement ce n'est pas aussi tragique qu'ils le prétendent. Et je dois vous avouer que j'ai un plaisir fou lorsque je me retrouve devant le désordre. Je pense à toutes les possibilités inimaginables et surtout à la façon dont la personne se sentira après notre travail.

◆ *Est-ce que ce type*
de service est coûteux?

Pour être honnête avec vous, cela peut paraître coûteux mais, après coup, les clients réalisent à quel point c'était de l'argent bien dépensé parce que le temps, la paix intérieure, le stress en moins ne s'achètent pas. En fait, payer pour les services d'un organisateur professionnel est un investissement pour soi-même, pour sa famille ou son entreprise.

Le taux horaire d'un organisateur professionnel varie selon plusieurs facteurs: son niveau d'expérience, sa formation, son domaine d'expertise, son emplacement géographique, le temps de l'année, son type de facturation (à l'heure, par projet, en forfait, etc.).

◆ *Est-ce que l'organisation*
peut s'apprendre?

Définitivement. Si j'ai été capable de l'apprendre, vous l'êtes certainement aussi. Étant une personne visuelle, j'ai toujours eu de la difficulté à ranger mes affaires de façon conventionnelle. Alors, lorsque j'ai découvert un système qui convenait à mon type de personnalité, le tour était joué! Voilà un peu d'où vient le nom de mon entreprise *À la Carte, Services d'organisation*. Je n'utilise pas le même système pour toutes les personnes. Le système sera adapté selon les besoins et la personnalité de mes clients. Lorsque vous travaillez avec un organisateur professionnel, il est important qu'il vous enseigne comment faire et non qu'il vous dise quoi faire. Pour moi, l'important avec mes clients est de faire un transfert de connaissances. De cette façon, le client apprend et développe des outils qui lui serviront toute sa vie.

AIDE DISPONIBLE

Vous êtes dans une impasse? Vous avez pris votre courage à deux mains et vous avez décidé de passer à l'action? Vous aimeriez contacter un organisateur professionnel mais vous n'êtes pas certain de savoir comment procéder?

Alors, comme dans n'importe quelle situation où vous devez engager un professionnel, il est important de faire vos propres recherches. Vous pouvez demander dans votre entourage si quelqu'un peut vous recommander un organisateur professionnel. Si vous êtes au Canada, vous pouvez visiter le site

Internet *www.organisateursaucanada.com* pour consulter le répertoire des membres des OPC.

Dans d'autres pays:

- aux États-Unis: NAPO – National Association of Professional Organizers (*www.napo.net*);

- en Australasie: AAPO – Australasian Association of Professional Organisers (*www.aapo.org.au*);

- au Royaume-Uni: APDO UK – Association of Professional Declutterers and Organisers UK (*www.apdo-uk.co.uk*);

- en France, je crois que c'est une question de temps avant qu'une association se forme. On peut trouver (difficilement) quelques organisateurs professionnels (l'appellation du métier varie beaucoup);

- pour les personnes ayant de gros défis d'organisation – Institute for Challenging Disorganization (*www.challengingdisorganization.org*).

Choisissez le bon professionnel pour vous. Vous pourriez envoyer des courriels ou téléphoner à quelques personnes. Il est important qu'il y ait une complicité et une confiance entre le client et le professionnel. L'organisation et le désencombrement sont des processus très personnels. Vous devez être très à l'aise avec la personne qui va vous aider.

QUESTIONS À POSER

L'Association des organisateurs professionnels au Canada recommande quelques questions importantes à poser avant d'engager un organisateur professionnel.

- Quels sont vos champs d'expertise ?

- Avez-vous déjà réalisé des projets similaires ?

- Depuis combien de temps êtes-vous organisateur professionnel ?

- Quelle formation ou certification possédez-vous ?

- Pouvez-vous m'expliquer votre approche ou vos procédés ?

- Puis-je obtenir des références ?

- Me fournirez-vous une proposition écrite et/ou un contrat ?

- Êtes-vous assuré ?

- Quel est votre mode de facturation – à l'heure, par projet ou autre ?

- Vais-je travailler avec vous directement ou avec un de vos employés ?

QUALITÉS D'UN ORGANISATEUR PROFESSIONNEL

À tout moment du processus, il est important que vous gardiez une bonne communication avec votre organisateur professionnel. Vous devez lui faire connaître vos impressions et vos sentiments si certains aspects ne vous conviennent pas, comme le rythme et la fréquence des sessions, mais aussi si votre organisateur dit des choses avec lesquelles vous n'êtes pas à l'aise.

Selon moi, les qualités que vous devez rechercher chez votre organisateur professionnel sont :

- l'attention et l'écoute ;

- l'empathie ;

- le respect et la confidentialité ;

- la créativité ;

- la capacité à résoudre des problèmes ;

- la passion ;

- l'adaptabilité et la flexibilité.

N'hésitez pas à faire *votre* liste des qualités que vous recherchez chez un organisateur professionnel.

EST-CE QUE LE CLIENT PEUT FAIRE LE TRAVAIL PAR LUI-MÊME ?

Bien sûr! Si vous vous sentez à l'aise d'exécuter le travail et que vous avez besoin seulement de quelques directives, un organisateur peut, à la suite d'une consultation, vous remettre des recommandations et des suggestions (moyennant des frais). Certains organisateurs professionnels offrent des ateliers ou des conférences. C'est un excellent moyen d'organisation si votre budget est trop limité pour profiter des conseils d'un professionnel privé. Certains d'entre eux offrent des trucs et des conseils sur leur site Internet, comme je le fais moi-même. Si vous désirez recevoir mon infolettre, vous pouvez vous abonner facilement au *www.alacarteorg.ca*.

◆ *Quel est le meilleur système ?*

Voilà une question qui m'est parfois demandée. Il n'existe pas de «meilleur» système, sauf celui qui est adapté à vos besoins et à votre budget. Je dis souvent que, dans la vie, on ne fait pas toujours ce qu'on veut mais ce qu'on peut. Il est vrai que les systèmes de rangement dans les magazines sont très beaux à regarder, mais ils ne vous conviennent pas nécessairement. J'aime me donner le défi, en tant qu'organisatrice professionnelle, de trouver les «meilleures» solutions pour vous. Je n'endosse pas un produit en particulier et je fais les recherches nécessaires pour vous offrir ce qui convient le mieux à votre situation.

Mot de la fin

Chers lecteurs, chères lectrices qui avez témoigné de l'intérêt et de l'appréciation pour mon travail, ou à vous qui le ferez peut-être, j'ai le goût de partager avec vous une citation d'Anaïs Nin que j'ai devant les yeux et qui se lit comme suit :

« Vint un jour où le risque de rester à l'étroit dans un bourgeon fut plus douloureux que le risque d'éclore. »

Eh bien, de peur de mourir dans le bourgeon en gardant mon secret, j'ai décidé de m'éclater, moi aussi, et c'est de cette façon que je viens vous présenter mes conseils et mes propos en espérant qu'ils vous seront utiles.

À votre tour de vous éclater dans la joie et la satisfaction de l'ordre et de la clarté dans tous les domaines de votre vie.

P.-S. Rien ne me ferait plus plaisir que de recevoir vos témoignages et de lire vos histoires. C'est une source de motivation et d'inspiration pour moi. Vous pouvez me les faire parvenir par courriel à *caroline@alacarteorg.ca.*

Ressources

INTERNET

France Hutchison, auteure, conférencière et fondatrice de
PedaGO.ca, une entreprise de services en coaching,
formation et d'articles spécialisés en éducation
www.pedago.ca

Carole Thériault, coach personnelle et professionnelle
www.caroletheriault.com

Sophie Tremblay, Groupe Cohésion Coaching
www.cohesioncoaching.com

OLA Communication (agence de site web)
www.olaagenceinteractive.com

Réseau des femmes d'affaires et professionnelles de
l'Outaouais
www.refap.ca

Le cerveau à tous les niveaux, un site web interactif sur
le cerveau et les comportements humains
http://lecerveau.mcgill.ca

Site sur la vie et le travail du Dr. Roger W. Sperry
www.rogersperry.info

Shred-It, Service de déchiquetage communautaire
www.shredit.com

1-800 Got-Junk, leader en collecte et recyclage d'objets divers
www.1800gotjunk.com/ca_fr/

Feng Shui, Tracey Mackenzie
www.fengshuiforall.com

LIVRES

Beck, Martha. *Finding Your Own North Star.* New York, Three
Rivers Press, 2001.

Johnson, Spencer. *Qui a piqué mon fromage*, France, Michel
Lafon, 2000.

Kingston, Karen. *Clear Your Clutter with Feng Shui.* New York,
Broadway Books, 1999, p. 91-92.

Kiyosaki, Robert T. et Sharon L. Lechter. *Père riche, père
pauvre.* Québec, Un monde différent, 2000.

Lehmkuhl, Dorothy et Dolores Cotter Lamping. *Organizing for
the Creative Person.* New York, Three Rivers Press, 1993,
p. 19-36.

Walsh, Peter. *Enough Already!* New York, Free Press, 2009.

Walsh, Peter. *It's All Too Much.* New York, Free Press, 2007.

À propos
de l'auteure

CAROLINE ROCHON est une femme qui sait croquer dans la vie ! Organisatrice professionnelle et propriétaire de *À la Carte, Services d'organisation*, elle inspire les gens à s'organiser pour profiter et se délecter de ce qu'il y a de plus précieux dans leur vie.

Offrant des services d'organisation pour la maison, le bureau ainsi que des ateliers et des conférences, Caroline est une spécialiste de l'ordre équilibré. Grâce à son écoute et à sa créativité, elle cherche non seulement les meilleures idées d'organisation pour ses clients, mais aussi les sources du désordre. Efficacité, simplicité et humour sont sa marque de commerce qui transforme le chaos en bien-être et sérénité.

Lauréate du prix Travailleuse autonome 2010 du RÉFAP et chroniqueuse à la radio au 104,7 FM en Outaouais, Caroline collabore régulièrement avec différents journaux. Elle a été porte-parole pour les produits Avery de 2009-2010 et a également été chroniqueuse à *Tout Simplement Clodine,* au réseau de TVA pour la saison 2008-2009.

Grâce à son passage dans les milieux fédéraux et financiers, Caroline cumule plus de vingt années d'expérience et de créativité en gestion de projets et résolutions de problèmes. Membre des Organisateurs professionnels au Canada, Caroline est fière de siéger au conseil d'administration des Grands Frères Grandes Sœurs de l'Outaouais.